Gunther Klosinski
Scheidung – Wie helfen wir den Kindern?

Gunther Klosinski

Scheidung – Wie helfen wir den Kindern?

Walter

Bibliografische Information der Deutschen Bibliothek
Die Deutsche Bibliothek verzeichnet diese Publikation in der Deutschen Nationalbibliografie; detaillierte bibliografische Daten sind im Internet über http://dnb.ddb.de abrufbar.

Druck und Bindung: Bercker Graphischer Betrieb GmbH & Co. KG
ISBN 3-530-40158-7
www.patmos.de

Inhalt

Vorbemerkung

»Scheiden tut weh« – dieser zweite Satz des Volksliedes »Winters Abschied« (»Winter ade!«) ist stimmig in Bezug auf die eisige Kälte, die mit großer Regelmäßigkeit vor und während der Trennungen und Scheidungen in Familien zu beobachten ist.

Scheiden tut weh, so lautet auch der Titel eines Buches, das ich gemeinsam mit meinen Mitarbeitern Günter und Karle von der Abteilung Psychiatrie und Psychotherapie im Kindes- und Jugendalter der Universität Tübingen verfasst habe. Darin haben wir versucht, einerseits die Not der betroffenen Kinder anhand ihrer selbstgemalten Bilder anschaulich und nachvollziehbar darzustellen, andererseits aber auch die große Findigkeit der Kinder herauszustellen, mit der sie versuchen, es beiden Elternteilen recht zu machen (Klosinski et al. 2001).

Seit über 25 Jahren berate ich Eltern und ihre Kinder, die durch Partnerschaftskonflikte mit ihren Familien in Bedrängnis geraten sind. Zudem erstelle ich auf Wunsch von Familiengerichten Gutachten in strittigen Sorge- und Umgangsrechtsverfahren. In so genannten »gerichtlichen Kampfscheidungen« mit langwierigen Auseinandersetzungen zeigen sich wie unter einem Brennglas all jene Problemfelder in extremer Form, die regelmäßig auch bei »gelungenen« Trennungen und Scheidungen anklingen.

Möge das Buch dazu beitragen, dass die Zeilen des Liedes »Winter ade!« – »Aber dein Scheiden macht, dass mir das Herze lacht« – nicht zutreffen. Beide Elternteile und die Kinder sollten, ja müssen auch Trauer zulassen können, wenn die Familie auseinander bricht, ohne in vorschnelle Triumphgefühle zu verfallen und ohne all jenes in Frage zu stellen, was positiv in der Vergangenheit gelebt und den Kindern mitgegeben wurde.

Einleitung

Bis zu ihrem 15. Lebensjahr erleben ein Drittel aller Kinder und Jugendlichen in Deutschland eine Trennung oder Scheidung ihrer Eltern. Bei jeder zweiten Ehe, die im Jahr 2001 in die Brüche ging, waren Kinder betroffen – insgesamt mehr als 150.000. Damit wuchs die Zahl der Kinder und Jugendlichen hierzulande, die wegen einer Trennung nur bei einem Elternteil leben, auf rund 2,7 Millionen: das sind 12 % aller Kinder! Die Statistiken weisen aber auch auf, dass inzwischen drei von vier Paaren nach dem Trennungsjahr einvernehmlich auseinander gehen: Eine Trennung und Scheidung muss also nicht immer in einen Rosenkrieg münden. Trennung und Scheidung der Eltern bedeuten jedoch insbesondere für die Entwicklung eines Kindes einen tiefen Einschnitt, auch dann, wenn die Eltern »gütlich auseinander gehen«.

Dieser Ratgeber für betroffene Eltern geht schwerpunktmäßig auf die Art der wechselseitigen Bezogenheit zwischen Eltern und Kindern ein, die sich gerade in auseinander brechenden Familien einstellt und zu vielfältigen Problemen führt. Im ersten Kapitel wird dargelegt, wie die Krise der Paar-Beziehung die entscheidende Rahmenbedingung abgibt für die Situation der betroffenen Kinder: Vater und Mutter haben es weitestgehend in der Hand, ob ihre Trennung bei den Kindern über das normale Maß der Anpassung hinaus zu chronischen schweren Fehlentwicklungen und Verhaltensauffälligkeiten führt oder nicht. Oft sind Eltern mit ihrem Partnerkonflikt so stark beschäftigt, dass sie das Leiden ihrer Kinder, deren Verhalten sich häufig zwischen Trotz und Trauer bewegt, nur bedingt wahrnehmen. Hierauf soll besonders eingegangen werden.

Da der vorliegende Ratgeber Hilfestellung geben möchte für ganz konkrete Problembereiche im Trennungs- und Scheidungsprozess, behandelt das zweite Kapitel die Fragen, ab welchem Alter und wie Kinder über eine bevorstehende Trennung informiert werden sollen, ob es ratsam ist, sie mit in die Entscheidung einzubinden, wo sie ihren zukünftigen Lebensmittelpunkt haben sollten. Bevor es zu einer räumlichen Trennung mit Auszug kommt, leben viele Familien getrennt von Tisch und Bett unter einem Dach. Wie sollte mit einer solchen Situation in Bezug auf die Kinder umgegangen werden, die in aller Regel die »dicke Luft« gleichsam hautnah mitbekommen und hierunter ganz erheblich leiden? Ist der Auszug eines Elternteils erfolgt, stellt sich die Frage, was die Eltern tun können, um den Kontakt der Kinder zu beiden Elternteilen aufrechtzuerhalten.

Im dritten Kapitel werden problematische Ausgangskonstellationen, die in der Persönlichkeit oder der Lebenssituation der Elternteile liegen, behandelt sowie all jene Bewältigungsstrategien der Eltern, die möglichst zu unterlassen bzw. zu favorisieren sind. Die Problematik der Einbehaltung, die der Kindesentführung sowie die Instrumentalisierung des Kindes als Spion oder Bote werden beschrieben. Daneben ist es ein besonderes Anliegen dieses Ratgebers, auf die Hintergründe und Ursachen der unterschiedlichen reaktiven Verhaltensweisen der Kinder hinzuweisen, insbesondere auf das noch wenig bekannte »Besuchsrechts-Syndrom«, das, wenn es nicht erkannt wird, den elterlichen Kampf um das Kind nur noch verstärkt. Ferner wird das in den letzten Jahren heftig diskutierte »PAS-Syndrom« (Parental-Alienation-Syndrome), kurz: »PAS«, erläutert und sachlich diskutiert.

Kapitel 4 geht auf die für das Familiengericht wichtigen Sorgerechts- bzw. Aufenthaltsbestimmungskriterien ein, die sich am Wohl des Kindes orientieren. Es sind dies die Bindung und Beziehung der Kinder zu den Eltern, die Erziehungs- und Förderfähigkeit der Eltern, ihre Fähigkeit, den Kontakt des Kindes auch zum anderen Elternteil zuzulassen, die Aspekte der Kontinuität in der Versorgung und Betreuung, die familiären Ressourcen bei der Betreuung sowie die außerfamiliäre Einbindung (Kindergarten, Schule und Freundeskreis).

Im fünften Kapitel werden Ratschläge zur Umgangsregelung nach Trennung und Scheidung gegeben, da sich hier in aller Regel die meisten Probleme ergeben. Insbesondere sind es die Schwierigkeiten beim Abholen und Wiederbringen sowie die unterschiedlichsten Signale der Kinder bei diesen Übergaben, die seitens der Erwachsenen fehlgedeutet werden können. Der Ratgeber nimmt Stellung dazu, wann ein begleiteter, betreuter Umgang durch und mit Drittpersonen erforderlich ist und in welchen Extremsituationen eine vorübergehende Aussetzung des Umganges diskutiert werden muss.

In Kapitel 6 wird auf die Problematik der Trennung/Aufteilung von Geschwistern eingegangen sowie auf die Reaktion der Kinder dem neuen Partner/der neuen Partnerin gegenüber, wenn sich Stieffamilien bilden. Ist ein Elternteil eine neue Beziehung eingegangen und hat er seinen Familiennamen deswegen abgeändert, stellt sich häufig auch das Problem der Namensabänderung (»Einbenennung in Stieffamilien«). Außerdem wird erläutert, was Adoptionswünsche und ihre Konsequenzen für das Kind und den nicht-sorgeberechtigten Elternteil bedeuten.

Das siebte Kapitel behandelt die Probleme für das Kind im Familienrechtsverfahren: Es wird die Anhörung des Kindes vor Gericht thematisiert, ferner, warum ein(e) Verfahrenspfleger/-pflegerin für ein Kind eine Entlastung sein kann und wie eine Familienrechtsbegutachtung abläuft, was ein Umgangs- bzw. Sorgerechtsgutachten für das Kind und die Eltern bedeutet.

Abschließend werden im achten Kapitel zusammenfassend die wichtigsten »Grundregeln« bei Trennungs- und Scheidungssituationen aufgegriffen. Im Anhang sind Auszüge relevanter Paragrafen des BGB zum Sorge- und Umgangsrecht und zur Gefährdung des Kindeswohls aufgeführt.

1 Trennung und Scheidung als Familienkrise

Die Krise der Paar-Beziehung

Scheidung in Familien mit Kindern bedeutet stets eine Familienkrise, aber, und dies ist entscheidend, in ihrem Kern zunächst auch eine Krise in der Beziehung der Ehepartner, der Paar-Beziehung. Eröffnet z. B. ein Partner dem anderen, dass er eine Beziehung mit einer anderen Person eingegangen ist und sich deswegen trennen möchte, trifft dies häufig den anderen unvorbereitet wie ein Blitz aus heiterem Himmel und führt zu Ohnmachtsgefühlen, Sprachlosigkeit, die sich dann in Wut, Entsetzen und Rachegelüsten äußern können. Der »betrogene« Elternteil wird vielleicht um den Partner kämpfen oder aber, wenn es von vornherein völlig aussichtslos erscheint, ihn umgehend zum Auszug auffordern oder selbst in einer »Nacht- und Nebelaktion« mit oder ohne Kinder die gemeinsame Wohnung verlassen. Sind die Kinder im Moment der »Eröffnung« anwesend, werden sie die Betroffenheit desjenigen, der sich hintergangen fühlt, miterleben. Sie werden mitergriffen von der tiefen Erschütterung dieses Elternteils.

Ganz anders stellt sich die Situation dar, wenn sich die Partner über Jahre hinweg stetig auseinander gelebt haben, sie miteinander wenig Gemeinschaftliches unternommen haben, die körperliche Beziehung »eingestellt« wurde und sie lediglich aus Verantwortungsgefühl ihren Kindern gegenüber diese so gut wie möglich versorgt haben: Kommt es in einem solchen Fall zum Entschluss einer räumlichen Trennung, trifft dies die Betroffenen meist weniger unvorbereitet und sie können dadurch gelassener und rationaler die sich hieraus ergebenden Konsequenzen und notwendigen Schritte miteinander besprechen.

Im ersten Fall entwickelt sich recht häufig folgende Dynamik: Hat der »betrogene« Partner den Wunsch, die Partnerschaft weiter fortzuführen, sie noch »zu retten«, so teilt er dies den Kindern mit, wenn sie aufgrund ihres Alters hierfür bereits Verständnis aufbringen können. Dies hat zur Folge, dass sich die Kinder umgehend mit diesem Elternteil solidarisieren, verspricht dieser doch, dass das Rad wieder zurückgedreht werden kann und der drohende Bruch womöglich doch nicht erfolgt oder, wenn er bereits erfolgt ist, wieder gekittet werden kann.

Wie die Eltern mit ihrer Paar-Krise umgehen, wie sie sie verarbeiten und ob sie sich gegenseitig womöglich weiterhin seelisch verletzen (oder auch in körperliche Auseinandersetzungen treten) hat tief greifende Auswirkungen auf ihre Kinder: Kommt es zu körperlicher Misshandlung oder durch entsprechende verbale Attacken zu Verunglimpfungen, entwürdigenden Äußerungen, ist dies einem emotionalen Missbrauch der Kinder gleichzusetzen, die ja in aller Regel beide Elternteile lieben und mit ansehen müssen, wie eine dieser geliebten Personen (oder beide) »niedergemacht«, d. h. entwertet wird zu einer »Unperson«, die nicht mehr liebenswert ist. Insbesondere Kindergarten- und Schulkinder bis zur Pubertät leiden erheblich unter einer solchen Situation. Manche Elternteile drohen mit Suizid, sollte der Partner/die Partnerin nicht wieder zurückkommen. Sind Kinder bei solchen Suizidandrohungen anwesend oder werden sie sogar unmittelbare Zeugen von Suizidversuchen, führt dies bei den Kindern (ab dem Kindergartenalter) zu panischer Angst und meist dazu, dass sie den mit Suizid drohenden Elternteil davon abhalten wollen, sich womöglich zu ihm begeben und nicht mehr von seiner Seite weichen (was dieser womöglich bewusst oder unbewusst bezweckt hat).

Paare in einer akuten Beziehungskrise holen sich häufig Rat bei ihren Angehörigen. Oft sind es die Eltern oder nahe Verwandte (Tanten oder Onkel der Kinder), die meist sehr schnell zu Verbündeten werden. Dies führt dazu, dass die Kinder bei einer Trennung der Eltern womöglich nicht nur einen Elternteil verlieren, sondern mit diesem u. U. auch dessen Verwandtschaft und Bekanntenkreis. In aller Regel sind die Kinder nicht Ursache der Partnerschaftskrise, sie sind aber auf jeden Fall die Leidtragenden.

Kommt es im Paarkonflikt nicht zu einer akuten, sondern zu einer schwelenden, bereits länger bestehenden Krise, liegen oftmals bereits mehrere Trennungsversuche mit anschließenden Versöhnungen vor, bis es zur endgültigen und definitiven Trennung kommt. Partner mit sehr ambivalenten Gefühlen dem anderen gegenüber, die sich gleichzeitig hassen und lieben, wegwollen und doch immer wieder zurückkommen, schaffen es mitunter nur mit der Hilfe Dritter, sich definitiv zu trennen. Typisch für solche Situationen ist es, dass z. B. die Mutter nach einer Mutter-Kind-Kur nicht mehr zurückkehrt oder dass die Mutter nach einer verbalen oder körperlichen Auseinandersetzung ins Frauenhaus flüchtet und von dort nicht mehr zurückkommt, da sie hier eine entsprechende Unterstützung durch Dritte erfährt. Hierdurch fühlt sie sich stark genug, den Wünschen des Partners nach Rückkehr und nochmaligem Versöhnungsversuch zu widerstehen.

Kommt es zur Beziehungskrise mit Trennungsabsichten, ist den Eltern zu raten, die Hilfe kompetenter Dritter in Anspruch zu nehmen, sei es bei einer Psychologischen Beratungsstelle, einer Erziehungs- oder Familienberatungsstelle oder bei einem Mediator – und dies unabhängig davon, ob es vermutlich zu einer Paartherapie kommen wird, die die Partnerschaft rettet, oder eher doch zu einer Trennung, die beide akzeptieren können. Der Weg zum Mediator ist dann zu empfehlen, wenn die Trennungsabsichten sehr stark ausgeprägt sind und die finanzielle und juristische Problematik erheblich erscheint: Mediatoren sind sowohl psychologisch als auch juristisch geschult und sachkundig.

Oberstes Gebot für die Eltern ist, dass sie sich nicht vor den Kindern gegenseitig entwerten und damit eine grundsätzlich positive Beziehung der Kinder zu beiden Elternteilen in Frage stellen. Man bezeichnet dies als »Wohlverhaltensgebot« und »Bindungstoleranz«, d. h. die Fähigkeit jedes Elternteils, den Kontakt des Kindes auch zum anderen positiv zuzulassen und darüber hinaus dem Kind glaubhaft zu vermitteln, dass eine positive Beziehung des Kindes zum anderen

Elternteil nicht nur geduldet, sondern gewünscht, unterstützt und als wichtig erachtet wird.

Wie Kinder Trennung und Scheidung der Eltern erleben

Die Reaktion der Kinder auf eine drohende oder vollzogene Trennung und Scheidung hängt neben dem Verhalten der Eltern, wie oben ausgeführt, von mehreren Faktoren ab: zum einen von ihrem Alter und ihrem Verständnis der Vorgänge, ferner von der Frage, ob es sich um Einzelkinder handelt oder um Kinder mit Geschwistern (an denen man sich orientieren kann oder muss), und schließlich davon, wie eng die Beziehung zum jeweiligen Elternteil bislang war, welche Funktionen der Betreffende für das Kind hatte und umgekehrt, welche Stützfunktionen das Kind für den jeweiligen Elternteil übernahm. Häufig geben sich Kinder die Schuld an der Trennung ihrer Eltern, glauben, dass sie nicht lieb genug waren, wollen demzufolge künftig besonders lieb sein, alles recht machen, sie versuchen, eine Balance herzustellen, und achten darauf, dass keiner der Elternteile im Kampf ums Kind/die Kinder »zu kurz kommt«. Dies kann sich z. B. darin äußern, dass die Kinder bei einer nahen räumlichen Trennung der Eltern vorschlagen, 3 ½ Tage beim einen und 3 ½ Tage beim anderen Elternteil zu wohnen, oder dass sich die Kinder »aufteilen«, wenn sie zu zweit sind: Das eine geht mit dem Papa, das andere mit der Mama, sodass keiner der Elternteile »leer ausgeht«.

> Die Eltern von Lotte (13), Agnes (11) und Carolin (9) hatten sich getrennt: Die Mutter hatte dem Vater nach längerer Ehekrise nahe gelegt auszuziehen. Der Vater zog daraufhin in eine kleine Wohnung im gleichen Ort, nicht weit von der bisherigen gemeinsamen Wohnung entfernt. Die Eltern kamen dem Wunsch der Kinder nach, abwechselnd eine Woche beim Vater und dann bei der Mutter zu wohnen, in den Sommerferien drei Wochen beim einen Elternteil und die anderen drei Wochen beim anderen Elternteil. Die Kinder hatten einen Suizidversuch der Mutter miterlebt,

wussten, dass sie sich für wenige Tage in psychiatrische stationäre Behandlung begeben musste. Danach zogen sie es vor, doch mehr beim Vater zu wohnen als bei der Mutter. Da sich die Eltern nicht einigen konnten, bei wem die Kinder schwerpunktmäßig ihren Lebensmittelpunkt haben sollten, wandten sie sich ans Gericht, das schließlich ein psychologisches Gutachten in Auftrag gab mit der Frage, ob es zum Wohl der Kinder sei, schwerpunktmäßig beim Vater oder bei der Mutter zu wohnen. Im Zuge der Begutachtung wurde Lotte ermuntert, sich vorzustellen, sie wäre einen Tag lang Königin, könnte Befehle erlassen, die Befehle müssten ausgeführt werden: Was würde sie befehlen? Ihre Antwort war: »Dass alle in Frieden miteinander leben!« Auf die Aufforderung, sie solle sich vorstellen, 10 Wünsche niederzuschreiben, die ihr ein Magier gewähren würde, schrieb das Mädchen: »Dass meine Eltern sich wieder vertragen, eine friedliche Familie, dass ich nicht mehr vors Gericht muss, dass der ganze Zirkus endlich aufhört.« Agnes wurde ermuntert, angefangene Sätze zu Ende zu schreiben, und formulierte: »Es stört mich, dass … meine Eltern nicht zusammen sind.« »Ich versuche … allen Streit zu verhindern.« »Wenn nur … meine Eltern zusammen wären.« »Ich träume in der Nacht … dass meine Eltern wieder zusammen sind.« »Das Wichtigste ist für mich … dass meine Eltern zusammenkommen.« Carolin teilte im Gespräch mit, sie habe manchmal Angst, es könne etwas passieren, dass die Mama nochmals einen Selbstmordversuch unternähme. Sie denke auch, dass der Papa wolle, dass die Mama wieder zurückkomme, das wolle sie auch. Ähnlich wie ihre Schwester gab Carolin an, dass sie als Königin befehlen würde: »Dass es zwischen Papa und Mama keinen Streit mehr gibt!« Unter ihren Satzergänzungen fand sich Folgendes: »Ich versuche … alles zum Guten zu bringen.« »Ich hasse … Morde, Streit.« »Ich hoffe … es gibt keinen Streit mehr zwischen Mama und Papa.«

Damit wünschten sich typischerweise alle drei Kinder, dass die Eltern mit ihrem chronischen Ehestreit aufhörten. Des Weiteren versuchten sie, als »Friedensstifter« zu fungieren, wollten vermitteln, bemühten sich, die Eltern wieder zusammenzubringen (Agnes hatte dies explizit in ihrem Fantasiewunsch als Königin zum Ausdruck gebracht, als sie formulierte: »Ich würde als Königin Mama und Papa wieder zusammenbringen, so wie es früher war«).

Nach einer Trennung oder Scheidung reagieren die meisten Kinder mit Trotz, Trauer oder Aggression und Schulversagen: Sie fallen nicht selten wieder in frühe Phasen ihrer Entwicklung zurück, werden unselbständiger, nässen ein oder benutzen die Babysprache. Je jünger die Kinder sind, desto häufiger reagieren sie »psychosomatisch«: Sie erspüren wie Seismographen die emotionale Hochspannung zwischen den Eltern, sei es bei den Besuchskontakten, sei es, wenn die Eltern noch gemeinsam unter einem Dach wohnen. Neben dem Einnässen treten folgende typische psychosomatischen Störungen auf: Schlafstörungen (Ein- und Durchschlafstörungen), Essstörungen, Einkoten und panische Angstattacken. Kinder reagieren vermehrt dann psychosomatisch, wenn sie die erheblichen Differenzen zwischen den Eltern immer wieder bei den Besuchskontakten unmittelbar mitbekommen. Es entwickelt sich dann unter Umständen das bereits erwähnte Besuchsrechts-Syndrom, das noch ausführlich behandelt wird (S. 57–60). Hatten beide Elternteile eine gute und intensive Beziehung zum Kind und waren sie beide in die Versorgung des Kindes stark eingebunden, wird es wahrscheinlich bei einer Trennung Verlustängste entwickeln, insbesondere dann, wenn es mit der vollzogenen Trennung zunächst von einem Elternteil abgeschnitten ist, womöglich gar nicht weiß, wo dieser sich aufhält, und unmittelbar nach der Trennung keinen Umgang mit dem »Weggegangenen« haben kann. Trifft hingegen die Trennung eine Familie in einer Situation, in welcher der Vater z. B. für mehrere Wochen oder gar Monate auf Montage oder beruflich im Ausland tätig war, musste sich das Kind also womöglich über mehrere Wochen ohne den Vater zurechtfinden und hatte dadurch zu diesem viel weniger unmittelbaren Kontakt, so wird es von einer vollzogenen Trennung weniger stark betroffen sein. Kinder im frühen Schulalter übernehmen häufig eine »Aufpasser- und Stützfunktion« für einen Elternteil, um das Auseinanderbrechen der Familie oder eine weitere Verschlechterung des psychischen oder körperlichen Zustands eines kranken Elternteils durch die Trennung und Scheidung zu verhindern. Sie übernehmen damit eine Rolle, die sie häufig überfordert. Man spricht dann von einer so genannten »Parentifizierung«: Die Kinder kümmern sich um die bedürftigen Eltern, wobei es doch eigentlich umgekehrt sein sollte: Die Eltern müssten sich um die Kinder kümmern, da diese primär in Not geraten, und dies meist unverschuldet. Als Beispiel für eine solche Rollenumkehr und Rollenübernahme als Stütze eines Elternteils sei folgendes Beispiel genannt: Eine Mutter hat sich nach langem Zögern entschlossen, ihren Partner zu verlassen, weil dieser alkoholabhängig war und weil er die Notwendigkeit zu einer Alkoholentziehungskur bislang nicht einsehen konnte. Wenn sich nun die 12-jährige Tochter oder der 11-jährige Sohn vehement für einen Aufenthalt beim Vater entschieden hätten, um auf ihn aufzupassen, um zu verhindern, dass er immer weiter in die Alkoholkrankheit abgleitet, oder um ihn sogar abstinent zu machen, so wäre dies eine die Kinder überfordernde Rolle im Sinne einer Parentifizierung. Kinder, die solche »Stützfunktionen« im Rahmen von Trennung und Scheidung übernehmen, machen eine »Progression« durch, d. h. sie wirken reifer und älter, fast wie kleine Erwachsene. Sie bilden ein »Kontrastbild« zu jenen Kindern, die im Zuge von Trennung und Scheidung der Eltern in ihrer Entwicklung zurückfallen.

Es gibt aber noch eine dritte Form von Reaktion, die eher selten ist, aber dennoch vorkommt: Solche Kinder zeigen gar keine Symptome, wirken nach außen hin eher gefasst und unbeeindruckt. Dies spricht allerdings nicht dafür, dass die Kinder mit der Situation gut fertig werden, sondern eher dafür, dass sie bereits so abgestumpft sind, dass sie tatsächlich nichts mehr empfinden und ihre Affekte »verdrängen«. Diese Kinder sind meist in erheblicher Not und bedürfen dringend der psychotherapeutischen Stützung. Solche schweigenden Kinder verstecken ihre Gefühle und die Eltern, von schlechtem Gewissen geplagt, sind häufig froh, dass anscheinend alles in Ordnung ist. Man spricht in einem solchen Fall auch von einer »Koalition der Verleugnung«. Solche Situationen treten insbesondere in jenen Familien auf, in denen die Erwachsenen die Misere ihrer Paarkrise nicht nach außen dringen lassen, sei es aus Scham oder aus Hilflosigkeit.

Die Wut und Aggression der Kinder, die von akuter Trennung betroffen sind, kann sich gegen einen oder gegen beide Elternteile richten, aber auch gegen sich selbst. Die Kinder werden dann aufmüpfig, trotzig gegenüber den Eltern oder sie zeigen auch autoaggressives Verhalten, reißen sich die Nagelfälze auf, kauen an den Fingernägeln oder entwickeln Symptome von schwerwiegenden Erkrankungen (z. B. Magersucht, reaktiv-depressive Störungen).

Viola, 12 Jahre alt, reagierte auf die Trennung ihrer Eltern, indem sie einnässte und einkotete und ihre Fingernägel einriss. Die Eltern waren heillos zerstritten, sprachen nicht mehr miteinander. Viola beharrte im Gegensatz zu ihrer zwei Jahre älteren Schwester, die den Vater nach der Scheidung nicht mehr besuchen wollte, darauf, auch weiterhin regelmäßigen Kontakt zum Vater zu haben. Sowohl Violas Schulleistungen als auch die ihrer Schwester nahmen deutlich ab. Dies hatte zur Folge, dass die Mutter nur noch skeptischer gegenüber Violas Besuchen beim Vater eingestellt war.

Viola stand unter einem massiven Loyalitätskonflikt, hatte eine ganz erhebliche Wut auf die ältere Schwester und die Mutter, konnte dies aber nicht ausdrücken. Sie zeigte deshalb autoaggressives Verhalten. Die Symptomatik war so ausgeprägt, dass umgehend eine psychotherapeutische Behandlung des Mädchens erforderlich wurde – mit dem gleichzeitigen Versuch, das hohe Streitpotenzial beider Elternteile unter therapeutischer Hilfe zu reduzieren. Viola wünschte sich mehr Kontakt zum Vater, hatte aber Angst davor, dass dann die Mutter mit ihr brechen würde, so wie sie es mit dem Vater getan hatte. Um die offensichtliche Leidenssituation von Viola zu mildern, wurde empfohlen, dass sie probehalber längere Zeit schwerpunktmäßig beim Vater wohnen sollte, um damit ihren Loyalitätskonflikt zu reduzieren und ihr Gewissheit zu geben, dass die Mutter in einem solchen Falle nicht mit ihr brechen werde.

Die Wut und Verzweiflung kann sich aber auch außerhalb der Familie »auf einem anderen Kriegsschauplatz« zeigen, nämlich häufig im Kindergarten oder in der Schule: Hier kommt es dann nicht selten zu Verhaltensauffälligkeiten in Form von antisozialem Verhalten (Schlagen von anderen Kindern im Kindergarten) oder zu Schulleistungseinbrüchen, zu Beziehungsstörungen zu den Lehrern oder zur vorschnellen Ablösung vom Elternhaus und zum Abgleiten in dissoziale

Cliquen (dies insbesondere bei Vorpubertierenden, die dann Gefahr laufen, frühzeitig zu rauchen, Alkohol zu konsumieren oder in die Drogenszene abzugleiten).

Durch den Aufbau von Schuldgefühlen bedingt kommt es gelegentlich auch vor, dass die Kinder »überlaufen«, die Fronten wechseln, um damit ihre Schuldgefühle zu verringern. Haben betroffene Kinder bereits eine gute Freundin oder einen guten Freund, so vertrauen sie dieser bzw. diesem mitunter die problematische familiäre Situation an und erfahren hierdurch eine Entlastung. Trifft eine Trennung mehrere Kinder, die bis dato miteinander in der Familie lebten, kann es je nach Alter der Kinder und ihrem Altersabstand zu einer gegenseitigen Stützung kommen, aber auch zu einer Polarisierung und zur Rivalität untereinander, wenn sich nämlich Koalitionen zwischen den Elternteilen und den Kindern bilden: So kann das bisherige »Papa-Kind« noch stärker an den Papa heranrücken, das »Mama-Kind« noch stärker an die Mama. Je jünger und abhängiger die Kinder von ihren Eltern sind, desto eher sind sie gezwungen, ganz ähnlich auf ein Trennungsdrama zu reagieren wie die Elternteile: Die Emotionen, Einstellungen und Haltungen der Elternteile übertragen sich häufig auf die Kinder, d. h. die elterliche Verzweiflung, Wut und die Rachegelüste induzieren bei den Kindern entsprechende Ängste und Gefühle oder stürzen die Kinder in große Loyalitätskonflikte, wenn sie vom anderen Elternteil gleichzeitig ganz andere Informationen erhalten. Die Vorstellung vieler Eltern in Trennung und Scheidung, die Kinder sollten sich ihre eigene Meinung bilden können, lässt die Tatsache außer Acht, dass Kinder bis zur Pubertät meist nicht in der Lage sind, einen dritten, von beiden Elternteilen unabhängigen und differenzierten Standpunkt einzunehmen. Kinder wünschen sich nichts sehnlicher, als dass die Streitereien zwischen den Eltern aufhören, dass Mama und Papa sich wieder vertragen und alles wieder so ist, wie es früher war.

2 Trennung und Scheidung – ein Entwicklungsprozess

Wichtige Fragen vor der Trennung

Folgende Fragen müssen sich die Eltern stellen bzw. werden von einem Partner an den anderen herangetragen:

- Soll es eine vorübergehende Trennung sein, um für wenige Tage oder wenige Wochen Abstand zu gewinnen, oder soll dies völlig offen bleiben?
- Gibt es einen neuen Partner/eine neue Partnerin, bei dem derjenige, der die gemeinsame Wohnung verlässt, leben wird?
- Wer soll wie und wann außer den Kindern informiert werden?
- Sollen die Kontakte der Kinder bei jenem Elternteil, der die gemeinsame Wohnung verlässt, stattfinden oder soll der Kontakt in der bisherigen gemeinsamen Wohnung erfolgen? Ist Letzteres überhaupt möglich, wenn sich der zurückbleibende Elternteil zugleich in der Wohnung aufhält, oder sollte dieser dann die Wohnung für die Zeit des Besuches verlassen?

Eine Antwort auf diese Fragen können die Betreffenden nur individuell für sich vornehmen. Informationen der Eltern an ihre Kinder sollten generell so erfolgen, dass die Kinder nicht angelogen werden oder später das Gefühl entwickeln, sie seien hintergangen worden. Dies würde als Vertrauensbruch negativ quittiert werden. Andererseits ist zu vermeiden, dass die Kinder unnötig geängstigt werden. Wenn die Trennung noch nicht definitiv ist, sollte dies auch ausdrücklich mitgeteilt werden. Werden ältere Kinder bei der Trennung angelogen, sagt z. B. die Mutter, dass sie jetzt mit den Kindern zu ihren Eltern fahre, um dort ein bis zwei Wochen Ferien zu machen, und fährt aber dann zum neuen Partner, so muss sie damit rechnen, dass die Kinder dies später dem Vater mitteilen werden. Wenn von vornherein feststeht, dass nur die Mutter oder der Vater die Kinder versorgen kann, der andere Elternteil z. B. nach wie vor in Vollzeit arbeiten muss, wird sich die Frage, wo die Kinder nach der Trennung schwerpunktmäßig verbleiben, oft erübrigen. Arbeiten beide Elternteile in ähnlichem Umfang und würde ein Wohnungswechsel der Kinder keinen Kindergarten- oder Schulwechsel bedeuten, so wirft dies insbesondere dann Probleme auf, wenn die Kinder gleich eng an beide Elternteile gebunden sind und wenn von ihnen auch nicht zu erwarten ist, dass sie sich bei der Trennung für den einen oder anderen entscheiden. Offenbar sind solche Probleme bei ungefähr drei Viertel der Trennungen lösbar. Wird von beiden Elternteilen angenommen, dass die Trennung definitiv sein und in eine Scheidung einmünden wird, geht es häufig auch um finanzielle Probleme: Derjenige Elternteil, bei dem das Kind schwerpunktmäßig bleibt, muss durch den anderen finanziell unterstützt werden – wie dies dann auch bei der Scheidung definitiv festgeschrieben wird. Elternteile, die von einer neuen Beziehung ihres bisherigen Partners überrascht werden, rächen sich häufig im ersten Moment bewusst oder auch unbewusst, indem sie drohen: »Die Kinder bleiben aber bei mir, die kriegst du nicht!« Dies mag aus der Sicht des Betroffenen verständlich und menschlich sein. Kinder sind aber keine Leibeigenen, und keiner der Elternteile darf für sich automatisch in Anspruch nehmen, dass die Kinder bei einer Trennung selbstverständlich nur ihm und nicht dem anderen gehören. Argumentationen wie: »Ich habe das Kind schließlich geboren, ein Kind gehört immer zur Mutter!« werden so von der Gesellschaft und von den Gerichten nicht mehr akzeptiert, auch wenn es noch vor 20 oder 30 Jahren tendenziell so war, dass Kleinkinder im Zweifelsfalle eher der Mutter zugesprochen wurden. Trifft die Trennungsabsicht einen Elternteil unvorbereitet, sollte der andere akzeptieren, dass dieser sich Beistand bei nahen Verwandten oder engen Vertrauten suchen wird, um nicht in ein »Loch« zu fallen, überzureagieren und damit die Kinder in große Ängste und Nöte zu stürzen.

Ab welchem Alter und wie sollten Kinder über eine Trennung informiert werden?

Abhängig vom Entwicklungsstand sollten die Kinder im Allgemeinen ab dem Kindergartenalter über eine bevorstehende Trennung informiert werden, wenn möglich von beiden Elternteilen im gemeinsamen Gespräch. Die Eltern können z. B. mitteilen, dass sie sich nicht mehr vertragen, häufig streiten und deswegen für eine gewisse Zeit nicht mehr beieinander wohnen, damit das Streiten aufhört. Der Papa oder die Mama würden aber die Kinder möglichst oft besuchen bzw. die Kinder könnten diese besuchen.

Der 8-jährige Robert wurde von seiner Mutter, die ihrem Mann dringend nahe gelegt hatte, aus der gemeinsamen ehelichen Wohnung auszuziehen, um Abstand zu gewinnen, wie folgt informiert: »Robert, du siehst ja, Papa und Mama streiten oft, und ich möchte, dass der Papa mal eine Weile nicht mehr hier wohnt. Du kannst aber jederzeit den Papa sehen.«

Robert reagierte hierauf mit Schweigen, äußerte sich auch in den Tagen nach dem Auszug des Vaters nicht, wagte nicht zu fragen, wie es weitergehen sollte. Er hatte mitbekommen, dass die Mutter dem Vater die Hausschlüssel vor die Füße geworfen hatte mit der Aufforderung, umgehend die Wohnung zu verlassen.

Robert hatte keine Information seitens des Vaters, wie dieser über seinen Auszug dachte. Womöglich wäre der Junge mit dem Vater gegangen, hätte man ihn gefragt. Durch den abrupten »Rausschmiss« und den Auszug des Vaters ohne Verabschiedung vom Sohn musste bei diesem das Gefühl aufkommen, der Papa möge ihn womöglich gar nicht mehr. Besser wäre es gewesen, wenn beide Elternteile möglichst in einem gemeinsamen Gespräch Robert über die notwendige Trennung informiert hätten.

Bei Kleinkindern ist es vorteilhaft, wenn sich die Eltern vor einem solchen Gespräch einigen können, wer die Versorgung schwerpunktmäßig übernimmt, d. h. wo die Kinder ihren vorläufigen Lebensmittelpunkt haben. Es wirkt sich in der Regel auf die Kinder negativ aus, wenn sie von einem der Elternteile verlassen werden, nicht wissen, wo dieser ist, und wenn auch der verbleibende Elternteil diesbezüglich nichts sagen kann. Bei all diesen »Nacht- und Nebelaktionen« eines Auszugs unter Zurücklassung eines Kindes und ohne die Kinder zu informieren ist zu bedenken, dass das Kind das Gefühl entwickeln muss, dass der Elternteil, der die Familie verlassen hat, es nicht mehr mag. Solchen Kindern bleibt dann gar nichts anderes übrig, als sich mit dem zurückbleibenden Elternteil zu solidarisieren. Grundsätzlich ist die Information über eine Trennung für die Kinder eine schwere Belastung, sie wird aber von ihnen eher verkraftet, wenn sie erleben, dass beide Elternteile mit dieser Situation relativ gut umgehen können, und keine schwerwiegenden Drohungen vor den Kindern »in den Raum gestellt« werden (z. B.: »Ich mach dich fertig, die Kinder siehst du nie wieder«, etc.). Es ist typisch für Kinder, Fragen zu stellen, manchmal auch unangenehme. Dies wird abhängig sein vom Alter und vom Naturell des Kindes. Die Fragen sollten nicht so beantwortet werden, dass die Problematik noch verschärft wird und die Kinder die ganze Wut, Verzweiflung und Aggression durch eine Abwertung des anderen Elternteils mitbekommen. Wenn die Trennung nur für wenige Tage erfolgt, kann man kleinere Kinder weniger ausführlich informieren, und es ist auch nicht notwendig, dass eine potenzielle Trennung auf Dauer bereits angesprochen wird. Normalerweise sollten Eltern, die ihre Kinder kennen und lieben, spüren, in welcher Form und Ausführlichkeit die Kinder informiert werden sollten. Oft ist es auch nicht nur der Inhalt, sondern die Atmosphäre, die Stimme und die emotionale Verfassung, welche die Kinder sofort erspüren und für sich entsprechend interpretieren. Eine Auswertung von 85 Sorgerechtsgutachten über 89 Kinder an der Abteilung Kinder- und Jugendpsychiatrie Tübingen ergab, dass ein Gespräch mit den Kindern über die bevorstehende Trennung nur bei etwa der Hälfte der Fälle stattfand. Mit gut einem Drittel der Kinder wurde nicht gesprochen und der Rest wurde bezüglich der Gründe des Auszugs eines Elternteils belogen. Wie zu erwarten, ergab sich auch, dass jüngere Kinder weniger häufig eine Mitteilung bezüglich der Trennung erhielten als ältere. Eine Nachbefragung nach mehreren Jahren ergab, dass nur jeweils gut 40 % der Eltern ihre ehemalige Vorgehensweise in Bezug auf eine Aufklärung der Kinder als sinnvoll ansahen: Eltern, die, als sie sich trennten, nicht mit ihren Kindern darüber gesprochen hatten, gaben an, sie fänden es aus heutiger Sicht wichtig, das Kind zu informieren, um ihm die Chance zu geben, sich auf die Trennung einzustellen und um nicht unnötig lange falsche Hoffnungen zu nähren. Andere, die bei der Trennung ihre Kinder informiert hatten, waren im Nachhinein der Auffassung, ihre Kinder seien noch zu jung gewesen, um so ausführlich informiert zu werden. Statistisch ließ sich bei unserer Untersuchung belegen, dass immer dann, wenn die Kinder auf die Trennung vorbereitet wurden, sich dies insbesondere positiv auf die Beziehung zwischen den Vätern und den Kindern auswirkte (Weber 2002).

Die Bedeutung eines erklärenden Gespräches mit dem Kind zur Verarbeitung der elterlichen Trennung wird – nach den Ergebnissen der meisten Studien – von vielen Eltern unterschätzt. In der spärlichen Literatur, die es zu diesem Thema gibt, finden sich immer wieder Hinweise auf die Wichtigkeit eines Gespräches mit den Kindern: Ein solches Gespräch bietet insbesondere die Möglichkeit, den Kindern deutlich zu machen, dass sich die Gefühle der Eltern zum Kind trotz der Trennung nicht ändern werden. Lempp (1976) geht davon aus, dass viele Kinder die Trennung ihrer Eltern vorab bereits erahnen, und folgert, es sei daher besser, »die Eltern informieren ihre Kinder rechtzeitig und sprechen mit ihnen darüber, sofern sie es schon irgendwie verstehen können – und sie können es früher, als man annehmen möchte«.

Sollen Kinder mitentscheiden, wo ihr künftiger Lebensmittelpunkt ist?

Jugendlichen ab 14 Jahren wird man kaum absprechen können, bei einer Trennung ihrer Eltern mitentscheiden zu dürfen, bei wem sie zukünftig wohnen werden. Die Gerichte verfahren entsprechend und sind angehalten, bei Jugendlichen eine gerichtliche Anhörung vorzunehmen, um nicht gegen ihren Willen, sondern im Zweifelsfalle in ihrem Sinne zu entscheiden. Bei Kleinkindern, Kindergartenkindern und Kindern in den ersten Schulklassen, die eine gleich intensive Bindung zu beiden Elternteilen haben und von diesen auch in etwa gleich intensiv betreut wurden, kann es zu einer Überforderung kommen, wenn sie sich entscheiden müssen, wem sie Priorität einräumen. Kinder in diesem Alter erleben es verstandesmäßig häufig so, dass sie den, bei dem sie dann schwerpunktmäßig wohnen, mehr lieben als den anderen. Dies bedeutet, dass es durchaus Situationen gibt, in denen den Kindern eine Entscheidung auch abgenommen werden muss. Auch bei älteren Kindern kann es immer dann, wenn sie sich in einem ganz massiven Loyalitätskonflikt befinden, sinnvoll sein, dass sie die Entscheidung nicht selbst fällen, sondern Außenstehende.

> Manche älteren Kinder bzw. Jugendliche weigern sich, die Frage zu beantworten, ob sie lieber beim Vater oder bei der Mutter wohnen wollen, sie spielen vielmehr »den Ball gleichsam zurück«, indem sie z. B. wie Nicole (15) und Stefan (13) den Eltern, die dabei waren, sich zu trennen, mitteilen: »Wir wollen beide im Haus bleiben, auch weiterhin akzeptieren, bei dem zu wohnen, der auch künftig im Haus wohnt.« Dies hatte zur Folge, dass zunächst eine »Trennung unter einem Dach« stattfand, da keiner der Elternteile ausziehen wollte, um die Kinder nicht zu verlieren. Nicole und Stefan ihrerseits wollten ihre Schulkameraden nicht verlieren, wollten ihren Vereinsaktivitäten auch weiterhin nachkommen können und hatten große Sorge, ein Elternteil könnte so weit wegziehen, dass sie nicht nur den anderen Elternteil gleichsam verlieren würden, sondern auch ihr extrafamiliales Bezugsfeld.

Generell ist festzuhalten, dass dem Wunsch des Kindes eine hohe Bedeutung zukommt, wobei der verbal geäußerte Wille nicht gleichbedeutend sein muss mit dem »wahren Willen«. Insbesondere kleine Kinder lassen sich stark beeinflussen und sagen heute dies, morgen jenes. Werden sie von einem Gutachter befragt, äußern sie, sie wollten zur Mama, sofern diese das Kind begleitet hat; kommt es mit dem Vater, äußert es, es möchte beim Papa wohnen. Muss ein Kind aber gegen seinen ausgesprochenen oder auch unausgesprochenen Wunsch zu einem Elternteil gehen, wird es dieser nicht leicht haben, eine nachhaltig gute Beziehung herzustellen bzw. das nötige Vertrauensverhältnis zum Kind wieder aufzubauen. Dies kann aber bedeuten, dass die psychische Entwicklung des Kindes gefährdet ist.

Manchmal trifft auch der Fall ein, dass aus äußeren Gründen dem Wunsch des Kindes nicht entsprochen werden kann, z. B. weil eine adäquate Schule beim entsprechenden Elternteil, zu dem das Kind will, nicht gegeben ist, aber unbedingt notwendig wäre oder aber weil die Versorgung von diesem Elternteil nicht gewährleistet werden kann (siehe auch Kapitel 4). Kinder ab etwa 10 Jahren schlagen mitunter auch vor, dass sie weder zum Vater noch zur Mutter, sondern zu einem Großelternteil oder in ein Internat wollen, im Wissen, dass sie damit am ehesten den Kontakt zu beiden Elternteilen halten und den Kampf der Eltern ums Kind mindern können. Häufig ist aber der Wunsch des Kindes, bei der Oma oder dem Opa zu wohnen, gleichbedeutend mit dem indirekten Wunsch nach demjenigen Elternteil, der von diesen Großeltern abstammt. Nur in ganz wenigen Fällen verbinden sich im Ehestreit die Schwiegereltern mit ihren Schwiegerkindern. Viel häufiger ist es, dass sich die leiblichen Eltern mit ihren erwachsenen Kindern, die in einer Ehe-Auseinandersetzung stecken, verbünden und die Kontakte zur anderen Seite abbrechen.

Trennung von Tisch und Bett unter einem Dach

Nur wenige Ehepaare bringen es fertig, getrennt von Tisch und Bett auf längere Zeit unter einem Dach zusammenzuleben, ohne dass dies mit ganz erheblichen Spannungen einhergeht. Im Gegenteil: Diese Situation stellt in aller Regel eine extreme Notlage dar, mit zum Teil grotesk anmutenden Arrangements: so z. B., wenn die Kinder zweimal zu Mittag essen müssen, einmal mit Papa und einmal mit Mama, oder wenn den Kindern verboten wird, in Anwesenheit eines Elternteils mit dem anderen Elternteil zu sprechen. Schwierig und bedenklich wird es auch, wenn z. B. die Mutter wegen des tätlich werdenden Ehemannes das Schlafzimmer räumt und im Kinderzimmer Zuflucht sucht, dieses abschließt und damit das Kind indirekt als Schutz oder »Geisel« benützt.

> Dies war der Fall bei den Kindern Sandra (8 Jahre) und Nico (10 Jahre). Im Vorfeld der Trennung hatte es über Wochen meist abends und nachts heftige Streitgespräche zwischen den Eltern gegeben, die sich im Schlafzimmer abspielten und die auch zu Handgreiflichkeiten führten. Schließlich flüchtete die Mutter ins Kinderzimmer ihrer Tochter Sandra, schloss sich ein und nächtigte in den nächsten Wochen auf einer Matratze im Zimmer der Tochter. Sie ließ auch das Türschloss auswechseln, sodass nur sie selbst und die Tochter Zugang zu diesem Zimmer hatten. Während der Vater morgens für beide Kinder das Frühstück richtete, aßen die Kinder mit der Mutter zu Mittag und zu Abend. Die Eltern sprachen nur das Allernotwendigste miteinander, und dies meist in sehr aggressivem Ton. Beide Kinder versuchten ganz auf den jeweiligen Elternteil einzugehen, um zu verhindern, dass die Eltern immer wieder aneinander gerieten, sich heftigst anschrien bzw. handgreiflich wurden.
>
> Nachdem beide Elternteile es trotz Einschaltung des Jugendamts nicht fertig brachten, miteinander ins Gespräch zu kommen, musste über das Gericht eine räumliche Trennung herbeigeführt werden: Dem Vater wurde auferlegt, innerhalb einer bestimmten Frist die Wohnung zu verlassen, um weiteren Schaden von den Kindern abzuwenden.

Handgreiflichkeiten zwischen den Eltern, die vor den Kindern ausgetragen werden, stellen einen emotionalen Missbrauch der Kinder dar: Die Kinder lieben in aller Regel beide Elternteile und müssen mit ansehen, wie diese sich vor ihren Augen gegenseitig abwerten, einander verbal und womöglich auch körperlich verletzen, was zu ganz erheblichen Verlustängsten bei den Kindern führt (Sandra und Nico waren verschüchtert, Sandra wollte bei der Mutter auf der Matratze schlafen und nicht mehr von ihrer Seite weichen).

Dass Eltern im Trennungszustand unter einem Dach wohnen, hängt häufig auch damit zusammen, dass beide davon ausgehen, derjenige, der im Haus verbleibe, werde auch die Kinder behalten, weil diese an der Wohnung oder am Haus hängen, während der andere, der ausziehe, leer ausgehe und die Kinder verlieren werde. Weil eine Trennung und Scheidung unter finanziellen Aspekten für das Ehepaar oftmals bedeutet, den Gürtel enger schnallen zu müssen und unter Umständen sogar sozial abzusteigen, ist es gerade in Zeiten hoher Arbeitslosigkeit schwierig, eine angemessene Alternativ-Wohnung für denjenigen, der ausziehen wird, zu finden. Geben die Kinder dann noch ganz bestimmt zu verstehen, dass sie bei jenem Elternteil bleiben werden, der auch in der Wohnung bleibt, so können solche Gründe eine dringend notwendige Trennung von Eltern, die einander massiv bekämpfen, verhindern. Eine solche Situation, bei der keiner der streitenden ehemaligen Partner im wahrsten Sinne des Wortes »dem anderen das Feld überlassen möchte«, darf sich nicht zu einem länger andauernden Zustand ausweiten oder gar zum Dauerzustand werden. Wenn die Eltern selbst nicht sehen können, dass ihr Kind/ihre Kinder zwischen den Eltern wie zwischen Mahlsteinen zerrieben werden, müssen Mitarbeiter des Jugendamtes über das Familiengericht unter Umständen Kindesschutzmaßnahmen in die Wege leiten, die bis zu einer Herausnahme des Kindes aus der Familie bzw. Wohnung führen können oder aber auch zu einer Auflage an einen Elternteil, innerhalb einer entsprechenden Frist die Wohnung oder das Haus zu verlassen.

Das Leben getrennt von Tisch und Bett unter einem Dach öffnet Tür und Tor für Misstrauen, Verdächtigungen und führt nicht selten dazu, dass innerhalb der Wohnung oder des Hauses Zonen eingerichtet werden (Zimmer), die der andere Elternteil nicht betreten darf bzw. nicht betreten kann, weil das Türschloss ausgewechselt wurde. Persönliche Unterlagen des ehemaligen Partners werden mitunter vom anderen durchsucht, um »Beweise in der Hand zu haben«, und dann womöglich den Kindern gezeigt, um so das negative Bild des ehemaligen Partners auch vor den Kindern zu untermauern oder zu zementieren. Wurde während der Ehe ein Eigenheim mühsam in Eigenleistung erbaut und kommt es dann zum Bruch zwischen den Ehepartnern, hängt meist viel Herzblut an diesem Eigenheim. Derjenige, der überwiegend den Bau fertig gestellt hat, wird darauf beharren, dort wohnen zu bleiben. Häufig liegt aber eine Hypothek auf dem Eigenheim, das nach einer Trennung und Scheidung nicht mehr gehalten werden kann, sodass letztlich dann doch das Haus oder die Eigentumswohnung verkauft werden muss. Trennung von Tisch und Bett unter einem Dach entspricht nur dann dem Kindeswohl, wenn es den Eltern gelingt, miteinander Absprachen zu treffen und ein Mindestmaß an gegenseitiger Achtung voreinander auch zu leben.

Nach dem Auszug eines Elternteils: Wenn die Probleme nun erst beginnen ...

Für das Kind ist es am angenehmsten, wenn der Elternteil, der auszieht, in der unmittelbaren Nähe eine Wohnung findet bzw. womöglich im gleichen Mehrfamilienhaus. Letzteres wird eher ein Glücksfall sein, womöglich aber mit dem Nachteil, dass die Eltern, wenn sie sehr verfeindet sind, sich täglich sehen und dadurch das Kind vermehrt weiterbestehende Aggressionen der Eltern hautnah mitbekommt. Die Eltern sollten es unterlassen, nach ihrer Trennung vor dem Kind schlecht übereinander zu sprechen, da sie ihr Kind damit in größte Not bringen: Wie kann das Kind sich unbefangen und positiv einem Elternteil wieder zuwenden, wenn dieser verteufelt wird? Ziel der Eltern sollte vielmehr sein, dass sie noch miteinander kommunizieren können. Die Kinder verlangen von ihnen nicht, dass sie sich, wenn sie sich sehen, wie früher umarmen. Sie können aber verlangen, dass sie sich wenigstens anschauen und eine minimale Begrüßung zustande kommt. Das Kind sollte nie das Gefühl haben, es tue etwas Verbotenes, wenn es Mama oder Papa besucht. Je älter das Kind ist, desto flexibler wird man den Umgang handhaben können, wenn die Eltern nahe beieinander wohnen. Leben sie nach der Trennung räumlich weit auseinander, muss für die Kinder das Zumutbare im Auge behalten werden: Einem Kind von z. B. 10 oder 12 Jahren kann nicht alle 14 Tage eine Zugreise von Stuttgart nach Hamburg oder umgekehrt zugemutet werden, womöglich noch alleine, wenn es von einem Elternteil auf den Bahnhof gebracht und vom anderen am Zielbahnhof abgeholt wird. Je jünger die Kinder sind, desto wichtiger ist es, dass sie einen Lebensmittelpunkt bei einem Elternteil haben, weil für Kleinkinder auch gleich bleibende Rituale wichtig und notwendig sind, z. B. Einschlafrituale oder konstante Essens- und Schlafenszeiten. Sinnvoll und erforderlich ist es, wenn bei einer »Übergabe des Kindes« wichtige Informationen über das Kind ausgetauscht werden. Es sollte eine Selbstverständlichkeit sein, dass Hinweise auf noch bestehende Krankheitssymptome oder für das Kind belastende Ereignisse mitgeteilt werden. Ungünstig ist es, wenn ein Elternteil dem anderen verbietet, nahe Angehörige (z. B. Großeltern, Onkel, Tanten) zu besuchen, weil man sich mit diesen im Rahmen der Ehe-Auseinandersetzung ebenfalls überworfen hat. Eigenartig muss es ein Kind berühren, wenn es nach Rückkehr von einem Elternteil z. B. die Kleider wechseln muss mit der Begründung, bei jenem Elternteil, bei dem das Kind gerade war, sei es unhygienisch und man wolle nicht, dass das Kind die Wohnung hierdurch verunreinige. Problematisch ist es, wenn verabredete Besuchszeiten nicht eingehalten werden, wenn sich keine Verlässlichkeit einstellt oder Termine im letzten Augenblick abgesagt werden. Kinder fühlen sich dann mitunter als Spielball der elterlichen Willkür. Bei älteren Kindern wird mehr und mehr auf deren eigene Bedürfnisse und Freizeitaktivitäten Rücksicht zu nehmen sein, wenn sie z. B. alle 14 Tage am Wochenende den Vater oder die Mutter besuchen sollen. Ältere Schulkinder, die in Vereinsaktivitäten eingebunden sind, stehen dann mitunter vor dem Problem, ob sie samstags an einem Tischtennisturnier aktiv teilnehmen dürfen oder nicht. Günstig wäre es, wenn vereinbarte Besuchszeiten, bei denen etwas dazwischenkommt, nachgeholt werden können.

Generell muss seitens beider Elternteile alles daran gesetzt werden, dass das Kind möglichst wenig (gar nichts ist meist eine Illusion) von den Differenzen der Eltern mitbekommt. Dies bedeutet, dass es sich verbietet, dem Kind Anwaltsschreiben vorzulesen oder zum Lesen zu geben. Die Eltern sollten versuchen, die Eltern-Paar-Ebene von der Eltern-Kind-Ebene zu unterscheiden und Paarprobleme nicht auf die Interaktion mit dem Kind auszuweiten. Wenn es dann noch gelingt, dass sich die Eltern nach dem Auszug mit der neu entstandenen Situation arrangieren, sich einrichten und, falls sie destabilisiert waren, wieder neu stabilisieren, ist dies für das Kind positiv. Geht es den Elternteilen nach vollzogener Trennung gut, sind sie einigermaßen zufrieden mit dem neuen Zustand, so kann auch das Kind mit der Verunsicherung, die es in jedem Fall durch die Trennung erfährt, besser umgehen und sich selbst auch stabilisieren. Da Kinder nach einer Trennung der Eltern häufig mit Verhaltensauffälligkeiten im Kindergarten oder in der Schule reagieren, ist es wichtig, dass den Betreuern und Lehrern die neu entstandene Situation in der Familie mitgeteilt wird. In gewissem Maß sind die Erzieher der sekundären Sozialisations-Orte (Kindergarten und Schule) auch in der Lage, mit dem Scheidungsprozess einhergehende Verunsicherungen des Kindes abzumildern oder gar aufzufangen. Mitunter wird es aber notwendig sein, das Kind im Zuge des Trennungs- und Scheidungsprozesses einer stützenden Therapie zuzuführen, wo es im Spiel oder im Gespräch mit dem Therapeuten etwas von seiner inneren Not nach außen abführen kann und dadurch auch einer Bearbeitung zugänglich macht. Kinder sollten nach dem Auszug eines Elternteils auch trauern dürfen, auch dann, wenn der Elternteil, bei dem sie wohnen, diese Trauer selbst nicht zeigen kann, sondern nur die andere Seite der Depression, die Aggression, zu leben im Stande ist. Verwerflich ist es, wenn derjenige Elternteil, bei dem das Kind schwerpunktmäßig wohnt, das Kind direkt oder indirekt dazu anhält, den Kontakt zum anderen Elternteil einzustellen, und damit im schlimmsten Fall ein Entfremdungssyndrom beim Kind mit induziert oder aufbaut. Werden Frauen von ihren Männern geschlagen, wird häufig argumentiert, der Mann werde bei Umgangskontakten womöglich auch gegenüber dem Kind körperlich gewalttätig sein. Um dies zu vermeiden, bestehen sie z. B. darauf, dass der Kontakt in der ehemaligen Wohnung, in der die Mutter lebt, stattfindet, unter deren Aufsicht, damit dem Kinde nichts passieren kann. Meist hält ein solches Arrangement nicht lange, und die Väter argumentieren, wegen der vorhandenen Spannung zwischen beiden Elternteilen sei das Kind nicht so wie früher, signalisiere womöglich, es wolle weniger oder gar keinen Kontakt mehr zum Vater. In einem solchen Fall wäre ein »begleiteter Umgang« des Kindes mit

Dritten, ihm vertrauten Personen (z. B. Großmutter oder Tante) noch günstiger als ein »betreuter Umgang mit der Mutter«.

Ist eine auch räumliche Trennung tatsächlich vollzogen, kommt es häufig zu extrem gegensätzlichen Haltungen dieser Situation gegenüber, je nachdem, wer sich als aktiv Ausbrechender erlebt oder wer sich wie ein Gelähmter, Gedemütigter und Abgestrafter vorkommt. Welter-Enderlin (1993) beschrieb die Situation treffend wie folgt: »Einerseits wird Trennung/Scheidung trivialisiert als ›Betriebsunfall‹ und andererseits – wie der Tod – als Tod eines Traumes ausgeklammert aus dem Alltag, eine Katastrophe, die sprachlos macht.« Im Interesse ihrer Kinder müssen Vater und Mutter nach einer Trennung oder Scheidung begreifen lernen, dass die Scheidung der Ehepartner nicht die Scheidung der Familie bedeutet, dass es eine Nachscheidungsfamilie gibt, dass die Kinder auch weiterhin mit beiden Elternteilen vernetzt leben sollen und müssen. Dabei ist die Ressource eines vorhandenen sozialen Netzes, das sich erweitert (Verwandte, Freunde, Schulkameraden, Nachbarn), wohl einer der wichtigsten Faktoren für die Bewältigung des Trennungs- oder Scheidungsschocks. Mit anderen Worten – nach einer Trennung sollte relativ bald an die Außenwelt die entsprechende Information erfolgen, um notwendige Hilfestellung in der eingetretenen Krise zu erhalten. Dies gilt nicht nur für einen »betrogenen Elternteil«, sondern ganz besonders für betroffene Kinder. Dieser Weg ist nicht einfach und ist übersät mit Stolpersteinen: Der allein erziehende Elternteil kann das Kind in seiner Anpassungsleistung überfordern oder die Umwelt kann das Kind als »armes Scheidungskind« womöglich auch unterfordern. Im Dialog zwischen den betroffenen getrennt lebenden Elternteilen und der Umwelt wird es darauf ankommen, Unterschiede in den Bedürfnissen des Gestütztwerdens und des Helfenwollens offen anzusprechen. Getrennte Paare suchen sich, wenn die lähmende Starre über das Unfassbare gewichen ist, »Verbündete«, um das Geschehene, wie immer man es im ersten Moment deuten mag, zu begreifen. Diese Reaktion, das Aussprechen der Gefühle anderen Menschen gegenüber, verhindert, dass Wut und Trauer über die Trennung sofort verdrängt werden.

Die Eltern von Norbert (13), Robert (12) und Jochen (6) trennten sich, nachdem die Ehekrise ein Vierteljahr schwelte: Die Mutter zog mit den drei Kindern zu einer Freundin; nach der Trennung hielt sich der Vater häufig bei seinen Eltern auf. Der Vater hatte schon länger den Verdacht, dass seine Frau eine außereheliche Beziehung pflegte, und wurde ihr gegenüber vor den Kindern handgreiflich. Die Mutter bat den ältesten Sohn, die Polizei zu rufen, worauf der Vater von der Mutter abließ. Die Großeltern mütterlicherseits waren, nachdem sie vom Schwiegersohn erfuhren, dass die Tochter sich wegen eines deutlich jüngeren Mannes von ihm getrennt hatte, entsetzt, brachen mit ihrer Tochter und verbündeten sich mit dem Schwiegersohn. Das führte dazu, dass die Kinder weder die Großeltern mütterlicherseits noch die des Vaters sehen wollten, schließlich den Umgang mit dem Vater nach wenigen Malen ablehnten. Der Vater hatte noch versucht, die Kinder auf seine Seite zu ziehen, war mit ihnen beim ersten Umgang zu seinen Eltern gefahren, die die Kinder zu beeinflussen versuchten, doch wieder zum Vater zurückzukehren. Sehr schnell erkannte der Vater, dass Norbert das Sprachrohr der Geschwister war, und er versuchte in seiner Verzweiflung, den Jungen massiv unter Druck zu setzen. Er wurde ihm gegenüber auch handgreiflich, mit dem Ergebnis, dass nunmehr von allen drei Kindern der Kontakt verweigert wurde. Es war innerhalb von wenigen Wochen zu einer totalen »Blockbildung« gekommen: Die Mutter mit den Kindern, ihrem neuen Partner und dessen Eltern auf der einen Seite, der Vater und die vier Großeltern auf der anderen Seite.

Die Verzweiflung und Ohnmacht des Vaters hatten von seiner Seite Handgreiflichkeiten und verbale Degradierungen der Mutter hervorgerufen, die, vor den Kindern geäußert, bei diesen zu einer Solidarisierung mit der Mutter geführt hatten und zu einer zunehmenden Ablehnung des Vaters. Von beiden Seiten wurden die Kinder in die Auseinandersetzungen der Eltern miteingebunden, was für die Kinder dazu führte, dass sie sich schützend vor die aus ihrer Sicht schwächere Mutter stellten, sich mit ihr identifizierten. Auch der Versuch der Großeltern väterlicherseits, die Kinder durch Druck zurückzugewinnen, war kontraproduktiv, trieb dieses Verhalten die Kinder doch nur noch mehr vom Vater weg auf die Seite der Mutter.

Erst in einer späteren Phase ist es möglich, aber für eine Bewältigung des Scheidungsprozesses unumgänglich, zu erkennen, welche unerledigten Lebensthemen mit zur Trennung und Scheidung als Katastrophe oder Unglücksfall oder auch als Chance geführt haben. Letzteres ist immer dann möglich, wenn die »Schuld« nicht nur beim anderen gesehen wird, sondern auch eigene Versäumnisse eingestanden werden können, die offenbar die Verwirklichung eines gemeinsamen Traumes zu Beginn einer Paar-Beziehung haben scheitern lassen. Ein solcher Prozess muss sich mittel- und langfristig einstellen, kurzfristig geht es oft um banale alltägliche Dinge, um den neuen Tagesablauf und das Hineinfinden in die Rolle des überwiegend allein Erziehenden oder des »Wochenend-Elternteils«. Die eigentliche Aufgabe im Prozess der Auflösung einer Beziehung und eines Neubeginns als geteilte Familie ist die Fähigkeit, zwischen zerrissener Paar-Beziehung einerseits und der gemeinsamen, existenziellen Aufgabe, auch weiterhin als Eltern zur Verfügung zu stehen, andererseits trennen zu können. Hier kommt den unterstützenden Personen und den juristischen Beratern eine nicht unwesentliche Rolle zu, wenn es um die Frage geht, ob es zu einer Polarisierung und »Kampfscheidung« kommt oder aber zu einer Übereinkunft im Interesse der betroffenen Kinder.

Finanzielle Probleme, die sich durch die Auflösung des gemeinsamen Haushaltes ergeben, müssen fair gelöst werden, soll eine Partei nicht in eine erhebliche soziale Schieflage geraten und die andere nicht zum »Alimentezahler« herabgestuft und abgestempelt werden.

3 Problematische Ausgangskonstellationen

Persönlichkeit oder Lebenssituation der Elternteile

Ist ein Elternteil psychisch krank (schwere Depression, Alkoholabhängigkeit etc.) und dabei nicht krankheitseinsichtig, ergibt sich eine besondere Paarproblematik, wenn eine Trennung ansteht oder vollzogen wird: Der gesunde Elternteil hegt oft über lange Zeit die Hoffnung, dass die Einwilligung des Partners in eine notwendige und adäquate Therapie die eingetretenen Probleme entscheidend lindern oder beheben kann und damit eine Trennung vermieden oder wieder rückgängig gemacht werden kann.

Die 12-jährige Almuth lebte zusammen mit ihrem 18-jährigen Bruder Robert und ihren Eltern in einer 3-Zimmer-Wohnung. Die Mutter wollte sich vom Vater trennen und scheiden lassen. Sie fühlte sich ihrem Mann nicht mehr zugehörig, mutmaßte, dass ein anderer Mann aus ihrer Umgebung sich für sie interessiere (was objektiv nicht der Fall war), und entwickelte zunehmend paranoide Ideen im Sinne eines Beziehungswahns. Sie lehnte es ab, dem Wunsch ihres Mannes und ihres Sohnes zu entsprechen und einen Psychiater zu konsultieren. Der Vater arbeitete ganztägig, Almuths Bruder befand sich in einer Berufsausbildung und die Mutter versorgte Almuth. Almuth entwickelte mehr und mehr Ängste vor der Mutter, die dem Kind von ihren »Stimmen« erzählte. Die Mutter hatte das Schlafzimmer geräumt, schlief im Zimmer der Tochter, die ihrerseits aber ins Schlafzimmer wechselte und das Bett der Mutter einnahm. Das Kind äußerte im Gespräch, die Mama äußere, in ihr sei eine Stimme, die sage, was sie machen solle. Sie, Almuth, denke, dass das nicht normal sei, der

Bruder denke das auch, auch der Papa. Die Mama sage aber immer: »Ihr glaubt nur dem Papa und ihr glaubt, dass ich krank bin.« Almuth konnte nicht sagen, zu wem sie gehen würde, wenn einer der Elternteile auszöge: Sie hatte Sorge um die Mutter, wollte sie nicht verlassen, wollte ihr helfen, schämte sich andererseits, dass die Mutter »nicht normal« sei. Almuth wollte später einmal Ärztin werden! Im Satzergänzungstest formulierte das Kind: »Der Vater ... möchte, dass die Familie zusammenbleibt.« »Ich versuche ... meiner Mutter immer klarzumachen, dass Familie wichtig ist.« »Ich hoffe ... dass alles okay wird.« »Ich kann einfach nichts ... dagegen tun.« Aufgefordert, 10 Wünsche oder Veränderungen niederzuschreiben, die ihr ein Magier erfüllen oder gewähren könnte, schrieb Almuth Folgendes: »1. Dass die Familie wieder zusammenkommt und dass Mama wieder versteht, was sie macht. 2. Dass Mama auf Papa hört. 3. Dass Mama nicht mehr schlimme Gedanken hat. 4. Dass wir wieder Spaß haben etc.«

Almuth litt unter der Situation, konnte aber mit ihren Freundinnen nicht über die kranke Mutter sprechen, schämte sich diesbezüglich und versuchte tagsüber, wenn der Bruder und der Vater nicht da waren, auf die Mutter aufzupassen. Sie war dabei, eine so genannte Parentifizierung vorzunehmen, d. h. sie übernahm Elternfunktion für die Mutter, indem sie auf sie aufpasste. Die Mutter, die eine Scheidung über das Gericht anstrengte und das Aufenthaltsbestimmungsrecht für Almuth einforderte, konnte – durch den Gutachtenprozess angestoßen – schließlich doch einer psychiatrischen Behandlung zugeführt werden, was die Situation des Kindes ganz erheblich erleichterte.

Bei alkohol- und drogenabhängigen Partnern wird der andere als Koabhängiger in ein Abhängigkeitsgefüge eingebaut, das bedingt, dass lange Zeit keine adäquate Behandlung erfolgt und das Ausmaß der Erkrankung von beiden Seiten heruntergespielt wird. Entschließt sich in solch einem Fall der gesunde Elternteil dazu, sich zu trennen – es sei denn der kranke Partner begibt sich in eine Therapie –, kann dies zu heftigen Reaktionen und Verwicklungen führen: Der erkrankte Partner beschuldigt nunmehr seinerseits den anderen der Alkoholabhängigkeit oder macht geltend, dieser sei psychisch krank, persönlichkeitsgestört etc. Werden im Vorfeld einer Trennung Suiziddrohungen ausgestoßen oder wird gar ein Suizidversuch unternommen, kann dies eine immer wieder ins Auge gefasste Trennung aufschieben – sie wird dann oft erst mit Hilfe außenstehender Dritter vorgenommen –, auch mit dem potenziellen Risiko, dass eine Familientragödie entsteht. Kann ein psychisch kranker oder alkohol- bzw. drogenabhängiger Elternteil aufgrund seiner Lage die Kinder nicht mehr versorgen und ist er nicht bereit, sich einer Therapie zu unterziehen, kann eine Trennung unumgänglich werden, auch auf die Gefahr hin, dass der kranke Partner alle Register zieht und damit die Trennung im letzten Augenblick nochmals aufschieben möchte. In solchen Fällen ist eine entsprechende Hilfestellung der entsprechenden Institutionen notwendig (Jugendamt, Amtsarzt). In nicht wenigen Fällen wird aber der andere Elternteil einer psychischen Erkrankung verdächtigt: Es wird dann behauptet, der andere sei ein »Grenzfall« (Borderline-Persönlichkeit) und eine Gefahr für das Kind. Solche Beschuldigungen werden vorgebracht, um den Aufenthalt des Kindes beim beschuldigten Elternteil zu verhindern. Dass solche Situationen mit einem nachweislich oder laut Behauptung psychischkranken Elternteil häufig in problematischen Trennungs- und Scheidungsprozessen vorkommen, konnte unsere Retrospektivanalyse von 60 Sorge- und Umgangsrechtsgutachten nachweisen (Klosinski et al. 1994): In 58 % der Gutachtenfälle lagen solche Hinweise oder Behauptungen vor. Als weitere kritische Ausgangskonstellationen, die eine Trennung und Scheidung erschweren und dann zu gerichtlichen Auseinandersetzungen führen, seien folgende genannt:

- Konfliktausweitung (Großeltern, halbe Dorfgemeinschaft): 45 %;
- nachgewiesene oder behauptete familiäre Gewalt: 35 %,
- Problematik bi-kultureller Ehen (insbesondere Vater Mohammedaner/Mutter Christin): 18 %.

Weitet sich der Partnerkonflikt aus, werden Großeltern oder Paten der Kinder, Nachbarn oder gar ganze Dorfgemeinschaften mit erfasst und gehen die betreffenden Parteien an die Presse oder gar ins Fernsehen, entwickelt sich der »Rosenkrieg« gleichsam lawinenartig zu einem Skandal, der zumindest auf dem Land, in dörflichen Gemeinschaften, manchmal eine Brisanz entwickelt, die ein Aufeinander-Zugehen der betreffenden Elternteile gar nicht mehr möglich macht; denn mitunter werden die Betreffenden von ihrer unterstützenden Großgruppe zur Aufrechterhaltung eines Feindbildes gezwungen. Dass die Großeltern mit eingebunden werden – oder nahe Verwandte, die bei der Versorgung der Kinder unterstützend mithelfen (Tanten, Paten etc.) – und eine »Blockbildung« erfolgt, ist hingegen relativ häufig. In solchen Fällen bekommen die Kinder nicht nur den Druck ihrer Elternteile zu spüren, sondern sie werden gezwungen, die Sichtweisen und Feindbilder der Großgruppen zu übernehmen.

Wenn es in über einem Drittel von »Kampfscheidungsauseinandersetzungen« um behauptete oder nachgewiesene familiäre Gewalt geht, zeigt dies drastisch, welche destruktive Potenz und Verzweiflung eine Trennung und Scheidung begleiten. Behauptet z. B. die Mutter, der Vater sei mehrfach tätlich geworden, so warten nicht selten die Kinder mit Erinnerungen auf, dass der Vater sie, als man noch zusammenlebte, ebenfalls geschlagen habe, um deutlich zu machen, dass sie im Einklang mit der Mutter stehen und bei der Mutter bleiben möchten, Besuche beim Vater hingegen ablehnen. Darauf hingewiesen werden muss, dass auch Frauen ihre Männer schlagen bzw. Mütter ihre Kinder. Flüchtet sich eine Mutter mit ihren Kindern wegen eines gewalttätigen Partners ins Frauenhaus, ist dies meist der erste Schritt hin zu einer definitiven Trennung, die aber auch dazu führen kann, dass die Kinder vorübergehend keinen Kontakt mit dem gewalttätigen Vater haben, auch wenn der Vater die Kinder nie tätlich angegriffen hat. Betreute Kontakte der Kinder mit dem Vater lassen dann in aller Regel lange auf sich warten, was von manchen Kindern so verarbeitet wird, als ob der Vater kein Interesse an ihnen habe. Mit anderen Worten: Das Verhältnis zwischen Vater und Kindern wird nachhaltig verschlechtert und es besteht die Gefahr, dass die Kinder sich schützend vor die Mutter stellen, sich mit ihr überidentifizieren und den Vater nie mehr wiedersehen wollen. Es muss dann vonseiten der Jugendamtsmitarbeiter darauf hingewirkt werden, dass der Umgang zwischen Vater und Kindern, notfalls in betreuter Form, wieder angebahnt wird.

Brechen bi-kulturelle Ehen auseinander, entwickeln sich oftmals Ängste, derjenige Elternteil, der aus einem anderen Land stammt bzw. einen anderen kulturellen Hintergrund (auch religiösen) hat, könnte die Kinder entführen und sie dadurch unwiderruflich dem anderen entziehen. Die Problematik verschärft sich, wenn der Vater Mohammedaner ist, die Mutter einer christlichen Konfession angehört und das Kind, um das es geht, der erstgeborene Sohn ist. Aus der Sicht des Vaters ist es selbstverständlich, dass der erstgeborene Sohn gleichsam sein Stellvertreter ist und deswegen zu seiner Familie gehört. Insbesondere in traditionellen ausländischen Familien, die in der Bundesrepublik leben, ist diese Vorstellung kulturell verständlich. Bricht die Ehe auseinander, wird aber häufig nur schwer akzeptiert, dass die deutschen gesetzlichen Rahmenbedingungen anzuerkennen sind.

Der 13-jährige Simon stammte aus einer bi-kulturellen Ehe: Die Mutter war Deutsche, der Vater Südamerikaner. Ein älterer Bruder und die gesamte Verwandtschaft des Vaters lebten in Südamerika. Simons Mutter hatte die Sorge, dass der Vater mit dem Sohn nach Südamerika »verschwinden« könnte. Sie hatte erwirkt, dass dem Vater im Zuge des Trennungs- und Scheidungsprozesses untersagt wurde, mit Simon ins Ausland zu fahren. Das Gericht hatte dies angeordnet, nachdem der Vater, ohne die Mutter zu informieren, mit dem Sohn ins nahe gelegene Ausland gegangen war. Simons Vater überlegte tatsächlich, ob es für den Jungen nicht richtig und angemessener wäre, wenn er in Südamerika bei seinen Verwandten aufwüchse. Er wollte ihm durch einen Ferienaufenthalt die Chance geben, sich selbst ein Bild zu machen, und versuchte trotz des gerichtlichen Verbotes, mit dem Sohn nach Südamerika zu fliegen. Die Mutter hatte dies in Erfahrung gebracht, die Räume des Vaters widerrechtlich durchsucht und Flugtickets gefunden. Sie alarmierte die Polizei, und der Vater wurde vor den Augen des Sohnes vorübergehend festgenommen. Diese Situation führte zu einer dramatischen Verschärfung des Konfliktes innerhalb der Familie und trieb den Jungen von der Mutter weg in die Arme des Vaters. Dieser konnte glaubhaft versichern, dass er nicht vorhatte, den Sohn zu entführen. Dies war aber wieder Wasser auf die Mühlen der Mutter. Diese verdächtigte ihren Mann nun auch des sexuellen Missbrauchs an einer gemeinsamen Tochter, der vonseiten der Experten allerdings nicht bestätigt werden konnte.

Auch die Frage, wie man bei einem zweisprachig aufwachsenden Kind verfahren soll, stellt sich in diesem Zusammenhang: Besucht das Kind schon den Kindergarten oder die Schule, spricht es fließend Deutsch und wird in einer Familie der Elternteile ganz überwiegend die ausländische Sprache gesprochen, so würde dies bedeuten, dass das Kind, lebte es in dieser Familie, zweisprachig aufwachsen würde. Dies kann für seine Identität von großer Bedeutung sein, aber auch für spätere Berufsmöglichkeiten, da eine perfekte Zweisprachigkeit erhebliche Vorteile auf dem Arbeitsmarkt bietet. Aus kinder- und jugendpsychiatrischer Sicht ist für ein normal begabtes Kind das zweisprachige Aufwachsen eher vorteilhaft und sollte in seiner Bedeutung nicht unterschätzt werden.

Die oben erwähnte Gutachtenanalyse hat ferner ergeben, dass weitere, jedoch nicht so häufig vorkommende Problembereiche dann bei Trennung und Scheidung gegeben sind, wenn große Schichtdifferenzen zwischen den Elternteilen bestehen (ein Elternteil z. B. Gymnasialbildung aufweist, der andere Hauptschulniveau). Es wird dann verständlicherweise argumentiert, der Elternteil mit dem niedrigeren Schulabschluss könne die notwendige Förderung des Kindes weniger gut gewährleisten als der andere. Dies darf jedoch nur dann ein Argument sein, wenn sonst alle anderen Faktoren, die für oder gegen einen Verbleib des Kindes bei einem Elternteil sprechen, gleichwertig sind.

Ebenfalls relativ selten sind jene Fälle, bei denen es zu einem Austritt aus einer engen religiösen Gemeinschaft durch einen Elternteil gekommen ist und der andere Elternteil in dieser Gruppierung verbleibt. Mit dem Austritt wird meist die bisherige religiöse Überzeugung geändert, und die religiösen Erziehungspraktiken des verbleibenden Elternteils werden stark negativ gezeichnet. Kleine religiöse Gruppierungen entwickeln einen starken Zusammenhalt innerhalb der Gruppe, da man sich in der Gesellschaft eher als marginalisiert erlebt. Dies führt nicht selten dazu, dass die Gruppe die Aussteiger kurz vor dem endgültigen Austritt erheblich unter Druck setzt. In Reaktion darauf grenzen sich die betreffenden Ausgestiegenen ihrerseits wieder sehr stark gegen diese Gruppe ab. Diese Dynamik erfasst dann auch das Paar, das nunmehr meist getrennt lebt, und wirkt sich negativ auf die Kinder aus: Jeder Elternteil behauptet, der andere würde in Bezug auf die religiöse Erziehung das Kind missbrauchen, den eigenen Willen des Kindes nicht respektieren. Von einer Religionsmündigkeit wird man aber erst ab einem Alter von 12 bis 14 Jahren ausgehen, d. h. erst dann ist nach Auffassung unserer Gesellschaft das Kind in der Lage, die eigene religiöse Selbstbestimmung auch zu vertreten. Konkret stellt sich z. B. die Frage, ob im Einzelfall die Sozialisation eines Kindes durch die religiösen Vorstellungen des allein erziehenden Elternteils als beeinträchtigt oder gar gefährdet erscheint. Es wird z. B. der Vorwurf erhoben, das Nicht-Feiern von Geburtstagen, Weihnachten, Ostern und Pfingsten (bei den Zeugen Jehovas) würde dazu führen, dass das Kind keine Freunde in der Schule und in der Nachbarschaft findet, dass es hierdurch erhebliche Kommunikationsdefizite erfahren würde. Eine solche Argumentation muss stets im Einzelfall überprüft werden. Die Zugehörigkeit zu einer Sekte oder Glaubensgemeinschaft, die vom Staat als solche anerkannt ist, lässt es nicht zu, in solchen Gruppen generell eine Gefährdung der Sozialisation anzunehmen.

War die Persönlichkeit eines Ehepartners bereits während der bestehenden Ehe labil und »angeschlagen« und hatte das Paar während der gemeinsamen Zeit wenig Kompetenz entwickelt, schwierige Situationen zu bewältigen, wird es generell bei einer Trennung und Scheidung zunächst zu noch größeren Problemen kommen, es sei denn, dass ein »nahtloser Übergang« von einer Beziehung in eine andere Beziehung gelingt und dadurch eine Stützung und Stabilisierung erfolgt. Letzteres ist aber eher die Ausnahme.

Wie oben angedeutet, scheint eine nicht seltene zusätzliche Konfliktsituation immer dann gegeben zu sein, wenn ein Elternteil die Trennung oder Scheidung nicht möchte und alles versucht, um den Partner oder die Partnerin wieder zurückzugewinnen. In einem solchen Fall wird der Betreffende dem Kind oder den Kindern signalisieren, dass er/sie zu einer Versöhnung jederzeit bereit ist. Die Kinder ihrerseits wollen, wenn sie eine gute Beziehung zu beiden Elternteilen haben, was ja meist der Fall ist, ebenfalls eine solche Wiedervereinigung. Damit hat aber derjenige Elternteil, der an der Ehe festhält, die Kinder auf seiner Seite. Der andere Elternteil hat das Gefühl, dass die Kinder für jenen ein Faustpfand sind, über das eine Erpressung vorgenommen wird. Derjenige Elternteil, der an der Ehe festhalten möchte, induziert gleichsam eine vermehrte Abgrenzung beim anderen, weil jede Geste der Normalisierung vonseiten desjenigen, der die Trennung und Scheidung will, eine nicht realistische Hoffnung auf Wiederannäherung beim anderen auslöst.

Einbehaltung, Inbesitznahme, Kindesentführung

Von Einbehaltung spricht man, wenn das Kind im Zuge eines Wochenendbesuches nicht mehr zu dem Elternteil zurückgebracht wird, bei dem es bisher seinen Lebensmittelpunkt hatte. Dies kann auch nach vereinbarten Ferienregelungen der Fall sein, wenn das Kind z. B. signalisiert, dass es gar nicht mehr zurück möchte, da es so schön war. Meist argumentiert der Elternteil, der die Einbehaltung vornimmt, das Kind signalisiere doch eindeutig, nicht mehr zurück zu wollen, und er komme nur dem freien Willen des Kindes nach. Dabei wird oft übersehen, dass sich Kinder – wie bereits hervorgehoben –, je kleiner sie sind, desto intensiver an den Elternteil anpassen, bei dem sie gerade sind, und diesem dann auch nach dem Mund reden. Die Gefahr besteht darin, dass derjenige, der ein Kind einbehalten hat, nunmehr eine totale Kontaktsperre gegenüber dem anderen Elternteil aufbaut, weil er fürchtet, der andere könne, wenn er das Kind bekommt, seinerseits eine Einbehaltung vornehmen.

Von Inbesitznahme spricht man, wenn das Kind vom nicht-sorgeberechtigten Elternteil ohne Absprache z. B. von der Schule oder vom Tischtennis abgeholt und dann argumentiert wird, das Kind wolle ja zu diesem Elternteil und nicht zum anderen.

Von Kindesentführung spricht man, wenn das Aufenthaltsbestimmungsrecht bereits geregelt ist – sei es vorläufig oder definitiv – und derjenige Elternteil, der das Aufenthaltsrecht nicht hat, das Kind heimlich abholt und sich dann entweder meldet, um kundzutun, wo das Kind ist, oder aber sich gar nicht meldet bzw. sich meldet, aber nicht mitteilt, wo das Kind ist. Auch bei der Inbesitznahme und der Kindesentführung besteht die große Gefahr, dass das Kind den Kontakt zum anderen Elternteil, zunächst jedenfalls, verliert.

Ein Sonderfall liegt vor, wenn es sich um eine internationale Kindesentführung handelt. In diesem Falle greift das Haager Kindesentführungsübereinkommen (HKÜ) vom 25.10.1980, dem die Bundesrepublik Deutschland in den 90er-Jahren beigetreten ist. Nach Artikel 12 dieses Übereinkommens ist die Rückführung eines widerrechtlich in ein anderes Land verbrachten Kindes anzuordnen, wenn die Antragsstellung innerhalb eines Jahres seit dem Verbringen erfolgt. Dieses Übereinkommen gilt für die allermeisten Länder der Welt (die, die es unterschrieben haben) und betrifft Kinder unter 16 Jahren. Der ersuchte Staat ist zu einer Rückführung nur dann nicht verpflichtet, wenn die Rückgabe des Kindes mit der schwerwiegenden Gefahr eines körperlichen oder seelischen Schadens für das Kind verbunden ist oder das Kind hierdurch in eine unzumutbare Lage gebracht wird. Hintergrund der HKÜ ist, dass davon ausgegangen wird, dass dem Kindeswohl letztlich durch ein Gericht desjenigen Staates am besten entsprochen werden könne, in dem das Kind bis zur Entführung lebte. Es darf längstens eine 6-Wochen-Frist zwischen Antragseingang bei Gericht und erstinstanzlicher Entscheidung liegen, d. h. es besteht ein Beschleunigungsgrundsatz, der zur sofortigen Rückgabe bei internationaler Kindesentführung führen soll.

Bei einer Kindesentführung nach innerdeutschem Recht (d. h. innerhalb Deutschlands) liegt im Gegensatz zum internationalen HKÜ ein sanktionsloser Rechtsbruch dann vor, wenn bei einem verheirateten und getrennt lebenden Elternpaar noch keine gerichtliche Sorgerechtsregelung vorliegt. Dies hat zur Konsequenz, dass nach einer Trennung – wenn das Aufenthaltsbestimmungsrecht noch nicht festgelegt wurde und eine Kindesentführung erfolgt – zunächst von demjenigen, der sich beraubt fühlt, im Eilverfahren eine einstweilige Verfügung beantragt werden muss, damit ihm das Aufenthaltsbestimmungsrecht für das Kind vorläufig zugesprochen wird. Nur dann, wenn ein solcher Beschluss gerichtlich vorliegt, kann die Herausgabe des Kindes auch gerichtlich eingeklagt werden.

Positive Erfahrung oder Trauma

Je nachdem, welche Ausgangssituation vorliegt, kann eine Einbehaltung oder Entführung für das Kind eine eher positive Erfahrung bedeuten oder aber auch eine in höchstem Maße traumatisierende: Dies hängt vor allem davon ab, wie alt das Kind zum Zeitpunkt der Einbehaltung oder Entführung ist, wie intensiv die Beziehung zu beiden Elternteilen war und in welche Situation sich das Kind nach der Trennung von einem Elternteil hineinversetzt fühlt. Weniger einschneidend ist es für ein Kind, wenn tatsächlich die Bindung und Beziehung zu einem entführenden oder einbehaltenden Elternteil wesentlich stärker und intensiver ist. Hat das Kind bereits sprechen gelernt, so ist es von Vorteil, wenn es die Sprache spricht, welche die Muttersprache des entführenden Elternteils ist. Kommt es in bi-nationalen Ehen mit Kindern, die zweisprachig aufwachsen, zu Kindesentführungen über Landesgrenzen hinweg, muss Folgendes bedacht werden: Immer dann, wenn eine Sprache die Mutter- oder »Vatersprache« ist, d. h. die primäre Sprache des Kindes, ist es selbstverständlich von erheblicher Bedeutung, ob der entführende Elternteil in dieser Sprache mit dem Kind gut kommunizieren kann oder nicht. Wurde ein Kind einbehalten oder entführt und hatte es bis dato einen guten und intensiven Kontakt zu beiden Elternteilen, stellt sich die Frage, ob aufgrund der räumlichen Distanz zwischen beiden Elternteilen das entführte Kind noch einen persönlichen oder wenigstens noch einen telefonischen Kontakt (falls es über drei Jahre alt ist) mit dem »beraubten« Elternteil haben darf bzw. kann. Ein totaler Abbruch einer bislang guten Beziehung hat insbesondere für Kleinkinder schon nach kurzer Zeit eine erheblich negative Auswirkung, bedeutet es doch, dass die »psychologische Nabelschnur« abgeschnitten wird, dass der betreffende Elternteil einfach von der Bildfläche verschwindet – so, als existiere er nicht –, weil er nicht mehr gebraucht wird.

Ein Kind wird die neue Situation als weniger traumatisierend erleben, wenn ihm die Umgebung, in die es gebracht wurde, vertraut ist und es sich sehr schnell dort integrieren kann bzw. heimisch fühlt. Dies ist z. B. dann der Fall, wenn die Entführung oder Einbehaltung zu Großeltern erfolgt, die das Kind kennt und die wesentliche Bezugspersonen, vielleicht auch die wichtigsten primären Bezugspersonen sind.

Eine ungünstige Ausgangslage besteht immer dann, wenn der Entführende beim Kind Angst hervorruft, sei es, dass er vom ehemaligen Partner geschlagen oder bedroht wurde und das Kind dies miterlebt hat, sei es, dass der Betreffende lediglich befürchtet, er werde geschlagen oder bedroht, wenn er wieder zum ehemaligen Partner zurückkehrt. Kinder sind dann in aller Regel gezwungen, sich total mit dem Elternteil, bei dem sie gerade sind, zu identifizieren, ergreifen ausschließlich für ihn Partei, und dies vor allem, wenn sie in einem besonderen Abhängigkeitsverhältnis stehen, d. h. auch dann, wenn sie noch relativ klein bzw. jung sind.

Die Reaktionen eines Kindes

Wird den Kindern z. B. gesagt, man beabsichtige lediglich einen Urlaubsaufenthalt bei der Oma, so können die Kinder zunächst eine Kindesentführung oder Einbehaltung als solche gar nicht wahrnehmen, leiden damit zunächst auch nicht. Sich trennende Eltern mit Kleinkindern gehen nicht selten auf folgende Weise vor: Bei Kindesentführungen, insbesondere über nationale Grenzen hinweg, informieren die Elternteile, die entführen, ihre Kinder erst im Nachhinein darüber, dass man nicht mehr zum anderen Elternteil zurückkehren will bzw. das Kind nicht zurückbringen möchte. Kinder, die einbehalten oder gekidnappt wurden, entwickeln aber häufig sowohl in nationalen Familienrechtsverfahren als auch bei internationalen Kindesentführungen im Rahmen des HKÜ eine ganz erhebliche Aversion gegen den Elternteil, der verlassen wurde: Zum einen bleibt kleineren

Kindern häufig nichts anderes übrig, als sich mit dem entführenden Elternteil zu identifizieren, seine Position aufzugreifen und den anderen Elternteil schlecht zu machen. Diese Polarisierung kann dann bis zu einem so genannten PAS-Syndrom führen (Parental-Alienation-Syndrome; siehe auch S. 54 ff.). Mitunter dienen die Kinder, die geraubt wurden, dem Entführer als »Faustpfand«: Insbesondere die Mütter werden von Vätern, die kidnappen, gewissermaßen erpresst, da solche Väter davon ausgehen, die Bindung der Mütter an die Kinder sei noch so stark, dass sie glauben, eine Trennung vom Kind nicht aushalten zu können. In solchen Fällen werden die entführten Kinder »funktionalisiert«, sie werden vom entführenden Elternteil benutzt und emotional missbraucht.

Diese Problematik soll anhand eines Beispieles einer Einbehaltung und späteren Entführung verdeutlicht werden:

> Der 8-jährige Ernst und sein drei Jahre jüngerer Bruder lebten mit ihren Eltern in Amerika. Die Mutter war Deutsche. Nachdem die Eltern sich in Nordamerika trennten, kam es nach langem Hin und Her dazu, dass der jüngere Sohn mit dem Einverständnis des Vaters mit der Mutter nach Deutschland zurückkehrte. Ernst blieb beim Vater und sollte nach Beendigung seines Schuljahres der Mutter und dem Bruder nachfolgen. Der Vater brach jedoch sein Wort, ließ dies nicht mehr zu und verteufelte die Mutter zusehends vor dem Jungen, sodass dieser schließlich am Telefon der Mutter gegenüber äußerte: »Mama, hole mich!« Die Mutter flog daraufhin nach Nordamerika und entführte ihren ältesten Sohn, der ein Jahr zuvor mitangesehen hatte, wie der Vater die Mutter bei einer handgreiflichen elterlichen Auseinandersetzung blutig schlug, die Polizei einschreiten und der Vater in Gewahrsam genommen werden musste. Dem Gutachter gegenüber gab Ernst auf die Frage, was denn passieren würde, wenn er nach Nordamerika zurück müsse, an: »Ich werde mich umbringen, ich werde traurig sein und nicht atmen können!« (Klosinski 2000)
>
> Ernst assoziierte beim so genannten Thematischen Apperzeptions-Test (es handelt sich um einen projektiven Test, bei dem szenische Schwarz-Weiß-Tafeln vorgelegt werden, zu denen der Proband eine kurze, spannende Geschichte erzählen soll): »Die Mutter-Figuren begehen

Selbstmord.« Ernst zeigte in der Nacht vor der gutachterlichen Untersuchung psychosomatische Reaktionen: Er fiel durch Atembeschwerden, Erbrechen und Herzschmerzen auf. Er zeigte damit die Symptomatik einer diffusen Angstentwicklung, die sich bis zur Panikattacke steigerte. Es schien eher wahrscheinlich, dass eine schwer wiegende Gefahr eines sowohl körperlichen als auch seelischen Schadens für das Kind einträte, wenn es im Rahmen des HKÜ nach Amerika zurückgeführt würde: Der körperliche Schaden würde sich bei Ernst in Form von psychosomatischen Symptomen (Atembeschwerden, Erbrechen, Herzschmerzen), der seelische Schaden in Form einer diffusen Angstsymptomatik, die sich bis zur Panikattacke steigern könnte, äußern. Der Sachverständige empfahl dem Gericht in diesem Falle, einen besonderen Ausnahmetatbestand anzuerkennen, der eine sofortige Rückführung des Kindes nach Amerika als nicht geboten erscheinen lasse.

War die Bindung der Kinder an den Elternteil, von dem sie getrennt sind, eng und intensiv, und kommt es durch die Entführung kaum noch zu telefonischem Kontakt, können auch Symptome auftreten, die man als »Reaktion auf schwere Belastungen und Anpassungsstörungen« bezeichnet, oder es kann gar zu einer »posttraumatischen Belastungsstörung« kommen. Hierbei handelt es sich um Zustände von subjektivem Leiden und emotionaler Beeinträchtigung, die soziale Funktionen und Leistungen behindern. Kinder können in diesem Fall kürzere oder längere depressive Reaktionen oder Symptome wie Angst und Depression zeigen. Es können aber auch Beeinträchtigungen von anderen Gefühlen im Vordergrund stehen – wie Anspannung und Ärger, Wut, Verzweiflung. Manche Kinder reagieren mit Störungen des Sozialverhaltens in Form von Aggressionen oder dissozialem Verhalten. Wieder andere Kinder klammern sich nach einem Verlust durch Kindesentführung an den ihnen noch verbliebenen Elternteil und fallen auf ihrem bereits eingeschlagenen Weg hin zu einer altersgemäßen Loslösung oder Verselbstständigung wieder auf eine frühere Stufe zurück. Dies äußert sich z. B. im Wiederauftreten von nächtlichem Einnässen, in Form von Trennungsängsten oder im Rückgriff auf die Babysprache.

Bei größeren Kindern kommt es im Zusammenhang mit Trennung und Scheidung – etwa in Verbindung mit einer Einbehaltung, einer nationalen oder internationalen Kindesentführung – mitunter zu typischen familiendynamischen Phänomenen der Delegation, Loyalitätskrise und der bereits angesprochenen so genannten »Parentifizierung«. Ein Schuldigwerden der Eltern führt oft zum Schuldgefühl der Kinder im Sinne eines durch die Entführung bedingten Schuldgefühls, insbesondere dann, wenn nicht hinreichend Trauer über den eingetretenen Verlust des verlassenen Elternteils möglich ist. Hat ein Junge z. B. mit seinem Vater um die Gunst der Mutter rivalisiert und entführt diese das Kind, entstehen Rivalitätsschuldgefühle beim Kind: Auch wenn die Ursachen anders gelagert sind, erlebt das Kind die Situation so, als ob es *aufgrund seiner Rivalität mit dem Vater* zur Trennung der Eltern gekommen wäre. Hat ein Kind in seiner psychosozialen Entwicklung entsprechende Trennungsbestrebungen von einem Elternteil gewagt und kommt es dann zur Kindesentführung, werden diese Trennungsbestrebungen unter Umständen als schuldhaft erlebt. Auf diese »Trennungs-Schuldgefühle« hat z. B. Hirsch (2001) hingewiesen.

Auf einen letzten Punkt im Zusammenhang mit einer Entführung soll hingewiesen werden: Wenn der entführende Elternteil mit dem Kind an einen anderen Ort zieht und dort eine neue Partnerschaft eingeht, von der der andere Elternteil nichts weiß, wird das Kind leicht zum Geheimnisträger und dadurch besonders zur Loyalität verpflichtet. Kommt es dann doch zu Kontakten zwischen dem verlassenen, »beraubten« Elternteil und dem Kind, so wird das Kind unter Umständen zum Boten oder Spion funktionalisiert bzw. emotional missbraucht. Dies soll im nächsten Kapitel weiter ausgeführt werden.

Das Kind als Spion, Bote und Stütze

Zieht z. B. der Vater nach einer Trennung mit seiner neuen Freundin zusammen und besuchen die Kinder das Paar am Wochenende, wird die Mutter immer dann, wenn sie noch Hoffnung hat, der Vater könne womöglich doch noch zurückkehren, die Kinder intensiv befragen. So wird sie wissen wollen, ob die Kinder die neue Freundin vielleicht schon mit »Mama« anreden und ob sie, wenn sie dort übernachten, zum Vater und der Freundin ins gemeinsame Bett schlüpfen etc. Solche und ähnliche Befragungen bringen die Kinder, wenn sie bereits im Schulalter sind, in einen Loyalitätskonflikt: Sie nehmen sehr wohl wahr, dass die Mutter das, was der Vater macht, für unmoralisch hält, auch wenn sie womöglich die neue Partnerin des Vaters positiv erleben und nichts Negatives an ihr auszusetzen haben. In ebensolchen Fällen, wenn ein Elternteil noch nicht losgelassen hat und am Partner festhält, werden die Kinder oft als Bote benützt: Sie sollen z. B. dem Papa sagen, wie schlecht es der Mama geht, dass sie hofft, dass er wieder zurückkommt, dass die Mama ganz traurig ist oder dass die Großeltern mütterlicherseits geäußert haben, sie fänden nicht gut, was der Papa macht, würden ihm aber verzeihen, etc.

Geht mit einer Trennung der Traum von einer gemeinsamen harmonischen Familie jäh zu Ende – verbunden mit dem Gefühl, alles sei umsonst gewesen, das Leben mache ohne den bisherigen Partner, der einen verlassen hat, keinen Sinn mehr –, so können die Kinder zu der noch einzig verbleibenden Stütze für den verlassenen Ehepartner werden. Dies soll an einem Beispiel veranschaulicht werden:

> Ein Ehepaar mit vier Kindern im Alter von 8 bis 15 Jahren hatte sich in den Sommerferien getrennt: Die Kinder machten zunächst alleine mit der Mutter zwei Wochen Ferien, danach wollte die 15-jährige Tochter eine Woche beim Vater verbringen, die Geschwister hingegen nicht. Den Kindern wurde zum Zeitpunkt der Trennung mitgeteilt, Vater und Mutter würden sich nicht gut verstehen und brauchten einige Wochen Abstand: In dieser Zeit würden sie nicht mehr beieinander leben. Als die 15-Jährige beim Vater wohnte, kam es zu einem Telefonat zwischen Vater und Mutter, das die 15-Jährige durch Zufall mitbekam. Die Tochter hörte aus den Worten des Vaters heraus, dass die Trennung offenbar nun doch langfristig und definitiv sei und dass dies von der Mutter ausgehe. Nachdem der Vater den Telefonhörer aufgelegt hatte, trat sie in das Zimmer. Der Vater nahm an, dass sie die letzten Sätze von ihm wohl mitgehört hatte, öffnete ein Schub-

fach seines Schreibtischs, holte eine Pistole heraus und sagte: »Wenn du nicht bei mir bleibst, hat das Leben für mich keinen Sinn mehr, dann kann ich mich ja gleich erschießen.« Die Tochter flehte den Vater an, sich um Gottes willen nichts anzutun. Diese Begebenheit, die man als Erpressung bezeichnen kann, führte dazu, dass die 15-Jährige nicht wieder zur Mutter zurückkehrte – aus Angst, der Vater könne sich etwas antun. Sie hatte es sich zur Aufgabe gemacht, den Vater zu stützen und ihm den Lebenssinn wiederzugeben, den ihm angeblich die Mutter genommen hatte. Das Verhalten des Vaters war manipulativ: Er benutzte seine Tochter gleichsam als Stütze. In diesem Fall war es dann auch so, dass die jüngeren Geschwister sukzessive, dem Vorbild der Schwester folgend, zum Vater überliefen. Unter psychologischen Gesichtspunkten gesehen hatte der Vater die Tochter emotional missbraucht. Zum Zeitpunkt der Begutachtung hatte er sich wieder stabilisiert und war eine neue Partnerschaft eingegangen. Das Tragische an diesem Fall war, dass die Mutter, die aufgrund ihrer Persönlichkeit eigentlich geeigneter und fähiger gewesen wäre, die Kinder adäquat zu erziehen, das Nachsehen hatte, da der Vater mit der neuen Partnerin den Kindern eine neue und komplette Familie »bieten« konnte.

Das Dilemma in all jenen Fällen, in denen Kinder Stützfunktionen übernehmen und parentifiziert werden – d. h. Elternfunktionen für ihre Eltern übernehmen –, ist, dass hierdurch häufig erhebliche Schuldgefühle bei den Kindern entstehen. Im Einzelfall ist es schwierig abzuwägen, inwieweit solche Stützfunktionen der Kinder noch akzeptabel erscheinen oder eindeutig dem Kindeswohl abträglich sind. Wie schon erwähnt, kommt es sehr häufig vor, dass Kinder in Trennungs- und Scheidungsfamilien die Vorstellung entwickeln, sie seien schuld am Auseinanderbrechen der elterlichen Beziehung, d. h. sie seien in der Vergangenheit böse gewesen. Solche Kinder versuchen dann alles, um lieb, angepasst zu sein und möchten es »zu 120 %« recht machen, was zu Überanpassung, Aggressionshemmung und zur Aufopferung führt: Solche Kinder opfern sich auf dem »Altar« der elterlichen Beziehungskrise! Übernehmen Kinder eine solche elterliche, sorgende oder aufpassende Funktion für einen Elternteil, um diesen zu schützen und zu stützen, so kann es auch vorkommen, dass sie zugleich Schuldgefühle entwickeln, sie würden den anderen Elternteil nunmehr ungerecht behandeln, und nun »überlaufen«, die Fronten wechseln, eben um damit aufgebaute Schuldgefühle dem nicht anwesenden Elternteil gegenüber wieder abzubauen.

»PAS«

Der amerikanische Arzt R. A. Gardner hat 1985 das so genannte PAS-Syndrom (Parental-Alienation-Syndrome), kurz: »PAS«, postuliert und es wie folgt definiert: »Das Syndrom der Elternentfremdung ist eine Störung, die vor allem im Zusammenhang mit Sorgerechtsstreitigkeiten auftritt. Die Störung äußert sich hauptsächlich in einer Ablehnungshaltung des Kindes gegenüber einem Elternteil, die in keiner Weise gerechtfertigt ist. Diese Haltung entsteht aus dem Zusammenwirken von Indoktrinierung durch einen programmierenden (eine Gehirnwäsche betreibenden) Elternteil und dem eigenen Beitrag des Kindes zur Verunglimpfung des zum Feindbild gewordenen anderen Elternteils. Im Falle von echtem Kindesmissbrauch und/oder Vernachlässigung kann die Feindseligkeit des Kindes begründet sein; in diesem Fall darf das ›PAS-Syndrom‹ als Erklärung für die feindliche Haltung des Kindes nicht herangezogen werden.«

Gardner schlug vor, die Diagnose über den Schweregrad des »PAS« anhand des kindlichen Verhaltens zu stellen und nicht etwa anhand des Ausmaßes der Indoktrinierung, der das Kind ausgesetzt war. Er unterschied drei Schweregrade – leicht, mittelstark und schwer – mit folgenden primären Symptomen: Verunglimpfungskampagne, schwache, leichtfertige oder absurde Rationalisierung der Verunglimpfung, fehlende Ambivalenz, Phänomen »fehlendes eigenständiges Denken«, reflexartige Unterstützung des entfremdenden Elternteils in der elterlichen Auseinandersetzung, fehlende Schuldgefühle und »entliehene Szenarien«, die aufgebaut werden.

In den letzten Jahren hat in der Fachwelt eine rege Diskussion über die Frage stattgefunden, ob dieses elterliche Entfremdungssyndrom als Diagnosekriterium gerechtfertigt ist, oder ob es vielmehr als eine hervorragende taktische Waffe im Umgangsstreit von den Elternteilen eingesetzt wird, denen kein Umgang gestattet wird. Fegert (2001) ist der Auffassung, »PAS« sei kein diagnostisches Kriterium. Die Beschreibung ermögliche nicht einmal die Differenzierung zwischen Reaktionsweisen, Abwehrmechanismus und Verhaltensweisen, die durch real begründete Ängste ausgelöst würden, von angeblich induzierten Verhaltensweisen. Er spricht von einem »Parental-Accusation-Syndrome«, einem Anklage- und Beschuldigungssyndrom, das in den meisten Fällen vorliege. Die wohl problematischste Aussage beim »PAS« ist, dass bei den Kindern, die einen Elternteil ablehnen, vonseiten des anderen Elternteils eine »Gehirnwäsche« durchgeführt worden sei, und zwar im Sinne einer negativen »Programmierung« mit Blick auf den anderen Elternteil. Mit dieser Definition bedient sich Gardner der Terminologie von Militärärzten, die im Rahmen des Koreakriegs von einer Gehirnwäsche sprachen, bzw. der Sektenexperten, die bei religiösen Konversionen, die nicht nachvollziehbar waren, von Gehirnwäsche und Programmierung redeten. Wichtig ist, dass Kinder massiv beeinflusst werden, dass Ängste und Vorstellungen durch Personen in sie induziert werden, von denen sie abhängig sind. Übersehen wird aber häufig, dass Kinder auch reale negative Erfahrungen mit demjenigen Elternteil gemacht haben, den sie derzeit vehement ablehnen. Dass ihre Erinnerungen an Schläge durch diesen Elternteil aufgrund von Gedächtnisprozessen verfälscht werden können, sollte auch berücksichtigt werden. Wie bereits ausgeführt, ist es zudem nicht selten, dass Kinder mit ausgeprägtem Loyalitätskonflikt immer dann eine plötzliche und erstaunliche Extremposition einnehmen, wenn dieser Loyalitätskonflikt innerlich nicht mehr ausgehalten werden kann und sie zu zerreißen droht. Die vehemente Ablehnung dient dann als Schutzfunktion, um nicht psychisch zu erkranken, d. h. der vehementen äußeren Ablehnung des Kindes gegenüber dem einen Elternteil kommt eine psychologische Abwehrfunktion zu: Um nicht im Loyalitätskonflikt depressiv zu werden, kippt das Gefühl in eine Aggression gegenüber einem Elternteil um. Kinder, die ein so genanntes PAS-Syndrom – oder besser gesagt: eine totale Ablehnung eines Elternteils – entwickeln, lehnen es strikt ab, den betreffenden Elternteil zu besuchen. Viele Kinder gehen auch so weit, dass sie weder brieflichen noch telefonischen Kontakt haben wollen, dass sie Geschenke zu Weihnachten oder zu den Geburtstagen ablehnen und sich zu massiv ablehnenden Briefen und Äußerungen hinreißen lassen. So schrieb eine 14-jährige Tochter an ihren Vater – den sie seit 1 ½ Jahren nicht mehr sehen wollte und zu dem sie keinen Kontakt mehr hatte –, der über das Gericht ein Umgangsrecht einforderte:

»Ich möchte dir kurz sagen, 1. Dass ich zum ich weiß nicht wievielten Male einen Schlussstrich ziehe und dich nie wieder in meinem Privatleben sehen will. 2. Danke für 5 oder 10 Euro zu meinem Geburtstag und danke auch, dass du, du Missgeburt, mein ganzes früheres Leben belagert hast und es jetzt mit einer Karte von 5 oder 10 Euro wieder in Ordnung zu bringen versuchst. Es tut mir Leid, aber das, was du allen erzählst, ist so ein Schwachsinn, dass es selbst der Dümmste weiß, dass du lügst. Ach ja, ich möchte alle meine Kinderbilder wieder, und wenn du sie nicht bringst, werde ich ein bisschen mehr auspacken. Von wegen, man würde nur Negatives beziehen, was für ein Stuss. Deine ach so liebe und gutmütige – bei der du dir noch Hoffnung machst, dass sie wieder zu dir kommt – Ex-Tochter XY.

PS: Für mich bist du nur noch mein Samenspender oder Erzeuger, ich habe keine Angst vor dir«.

Die Mutter dieser Tochter lehnte es ab, in einem Raum mit ihrem ehemaligen Partner zu sein, verdächtigte ihn des sexuellen Missbrauchs mit einer Tochter, die zwei Jahre jünger war als XY, was diese bestritt. Diese jüngere Tochter wollte zum Vater wechseln, lehnte im Gegensatz zur älteren Schwester diesen nicht ab. Biografisch war interessant, dass die ältere Tochter sich früher vom Vater eher vernachlässigt gefühlt hatte, dass sie den Eindruck hatte, der Vater bevorzuge die jüngere Schwester. Insofern waren die Ablehnung und der Hass auf den Vater auch Enttäuschung und Reaktion auf dessen Bevorzugung der jüngeren Schwester.

Befinden sich die Kinder mit solch massivem Widerstand gegenüber Kontakten zu einem Elternteil in der Vorpubertät, oder sind sie gar bereits über 14 Jahre alt, kann in aller Regel ein Umgang bzw. Kontakt nicht mehr vorgeschrieben werden, es sei denn, man würde Gewalt anwenden, was sich aber zur Durchführung des Umgangs verbietet. Kinder und Jugendliche mit einer solch negativen Einstellung zu einem Elternteil erscheinen unter kinder- und jugendpsychiatrischen Aspekten als gefährdet: Kommt es in der späteren Pubertät und Adoleszenz zu Ablösungsprozessen von jenem Elternteil, bei dem sie wohnen, so wird diese Zeit häufig erschwert, da sie vom anderen Elternteil keine Unterstützung erfahren können, weil zu ihm ja der Kontakt abgebrochen ist. Gelegentlich kommt es aber dann doch zu einer 180-Grad-Kehrtwendung: Der bisherige idealisierte Elternteil wird entwertet und es erfolgt ein »Überlaufen«, eine Wiederannäherung an den bislang gehassten Elternteil.

Den betroffenen Elternteilen, die schmerzlich mit ansehen müssen, wie massiv sich ihre Kinder von ihnen abwenden, sei geraten, ihr Besuchsrecht ruhen zu lassen und nicht auf dem Umgangsrecht zu bestehen. Auf diese Art und Weise wird dem Kind deutlich gemacht, dass auch von Amts wegen der Vater eigentlich in seinem Anliegen nach Kontakt unterstützt wird, dass dieses Anliegen grundsätzlich richtig ist. Diese Elternteile sollten ihrerseits die Türe nicht zuschlagen und signalisieren, dass sie trotz der derzeitigen Ablehnung gesprächsbereit sind und sich über Kontakte freuen würden.

Das »Besuchsrechts-Syndrom«

Ein charakteristisches, in der öffentlichen Diskussion aber bislang noch wenig bekanntes auffälliges Verhalten von jungen Schulkindern, insbesondere von Kindergartenkindern, stellt das so genannte »Besuchsrechts-Syndrom« (Felder & Hausheer 1993) dar. Es handelt sich um eine Symptomatik, die entsteht, wenn ein Kind im Rahmen des Besuchsrechtes in einen massiven Loyalitätskonflikt zu beiden Eltern gerät; die Autoren beschreiben sie wie folgt:

Inhaber des Aufenthaltsbestimmungsrechtes: »Das Kind geht nicht gerne zu Besuch, je näher der Besuchstag rückt, umso unruhiger wird das Kind. Manchmal reagiert es mit Schlaf- und Appetitstörungen, manchmal wehrt es sich verbal oder droht, diese Besuche zu verweigern oder gar wegzulaufen. Wenn das Kind zu Besuch geht, ist es unruhig, verstimmt und ärgerlich«.

Besuchsberechtigter: »Wenn das Kind zu mir kommt, ist es nervös, aufgebracht und zunächst schlecht ansprechbar. Dann tritt eine Beruhigung ein und wir beide erleben eine schöne Zeit. Nähert sich das Ende des Besuches, wird das Kind zunehmend bedrückter, will nicht nach Hause, möchte bleiben. Wenn es geht, ist es wiederum verstimmt und ärgerlich«.

Inhaber des Aufenthaltsbestimmungsrechtes: »Kommt das Kind vom Besuch zurück, ist es schlecht gelaunt und zieht sich zurück. Erst nach Tagen wird es wieder normal. Schlussfolgerung: Die Besuche schaden und sollten eingestellt werden«.

Schlussfolgerung des Besuchsberechtigten: »Der Inhaber des Aufenthaltsbestimmungsrechtes ist unfähig, das Kind auf die Besuche vorzubereiten. Die Besuche sollten ausgedehnt werden!«

Das Problem hierbei ist, dass sich beide Elternteile nicht in die Lage des Kindes versetzen können: Das Kind passt sich dem jeweiligen Elternteil an und gibt mit seinem Verhalten indirekt zu verstehen, dass es ihn und nicht den anderen mag, wenn es bei ihm ist. Nicht selten kommt es vor, dass die Kinder bezüglich des anderen Elternteils über Dinge berichten, die so nicht zutreffen, d. h. in ihrer Not »verbiegen diese Kinder die Wirklichkeit«, sie »flunkern«, ohne hierbei ein schlechtes Gewissen zu haben. Weil Vater und Mutter davon ausgehen, dass ihr Kind nicht lügt, kommt es zu einem erheblichen Konflikt mit wechselseitigen Anschuldigungen. Jeder ist vollkommen davon überzeugt, hinter seinem Kind zu stehen, das doch überzeugend und klar seine Wünsche kundtut. Vorschulkinder und Kinder bis etwa 7 oder 8 Jahre haben aber kaum Möglichkeiten, eine eigenständige Meinung – die im Gegensatz zu den Elternteilen steht, von denen sie abhängig sind – aufzubauen oder zu behaupten. Sie sind gezwungen, die Einstellung und Sichtweise der anwesenden primären Bezugsperson weitestgehend zu übernehmen, und verleugnen dabei manchmal für kurze Zeit ihre eigene positive Einstellung, die sie früher mehrfach geäußert haben. Dies wird dann von der »anderen Seite« für eine aktive negative Beeinflussung gehalten, was so nicht der Fall sein muss.

Die 5 Jahre alte Julia lebt mit ihrem ein Jahr jüngeren Bruder bei der Mutter und besucht an jedem zweiten Wochenende den Vater und die Großmutter. Zwischen Vater und Mutter herrscht Hochspannung: Die Mutter fühlt sich vom Vater verfolgt, nachdem er ihr im Rahmen der Nachtrennungsphase mit dem Auto nachgefahren ist, um sie zu überwachen. Die Mutter berichtet, dass Julia häufig vor den Besuchen beim Vater bzw. der Großmutter einnässt oder nicht mehr durchschläft. Die Großmutter, die das Kind am Wochenende im Empfang nimmt, berichtet, dass das Mädchen zunächst überhaupt nichts essen möchte, dass es ganz durcheinander ist. Am nächsten Tag geht es dann schon viel besser. Sonntags, wenn sie dann zurück muss, würde sie äußern: »Ich will hier bleiben, ich will nicht zur Mama zurückgehen«. Wegen der gespannten Situation zwischen Vater und Mutter bringt die Großmutter die Kinder zur Mutter zurück und beobachtet dort Folgendes: Das Kind würde sofort an der Mutter vorbeigehen, würde gar nicht »Guten Tag« sagen, die Mutter gleichsam links liegen lassen und direkt in ihr Zimmer gehen und die Türe hinter sich zumachen. Die Mutter berichtet, dass das Kind am nächsten Tag im Kindergarten noch so auffällig sei, dass die Kindergärtnerinnen sie darauf ansprächen und mutmaßten, das Kind sei doch sicher wieder beim Vater gewesen.

Der Vater und die Großmutter haben den Eindruck, das Kind sei schlecht vorbereitet auf den Umgang, finde aber zusehends Kontakt, verbringe dann eine gute Zeit und wolle gar nicht mehr zurück. Die Mutter stellt bei der Rückkehr des Kind fest, dass es missgelaunt ist, dass es sich gar nicht richtig von der Großmutter verabschiedet und die Mutter selbst zunächst auch gar nicht begrüßen möchte, um dann relativ schnell wieder zur Ruhe zu kommen, obwohl es am nächsten Tag im Kindergarten immer noch auffällig reagiert. Dieses Verhalten ist typisch für das so genannte »Besuchsrechts-Syndrom«, wie es oben beschrieben wurde.

Stellt sich ein Besuchsrechts-Syndrom ein, ist es von großer Bedeutung, den Eltern klarzumachen, dass jeder der Elternteile »Recht und

Unrecht« hat, dass seine Sichtweise nicht falsch ist, die des anderen aber auch nicht. Zunächst fällt es den Eltern schwer, die Vorstellung zu akzeptieren, dass ihr Kind auch Notlügen produzieren kann. Mit der »Aufklärung der Not« und der Hintergründe des auffälligen Verhaltens des Kindes stellt sich bei manchen Eltern eine gewisse Entlastung ein. Um das Kind, das ganz offensichtlich bei den »Wechseln und Übergängen« leidet, zu entlasten, muss bei einem ausgeprägten Besuchsrechts-Syndrom die Frequenz der Besuche deutlich gedrosselt werden. Genauso wichtig ist es aber, das Konfliktpotenzial zwischen den Elternteilen mit der Hilfe kompetenter Dritter zu verringern, da die Symptomatik des Besuchsrechts-Syndroms durch die elterlichen Gegensätze und Konfrontationen gespeist wird.

Wird ein Besuchsrechts-Syndrom nicht erkannt, kann es zu zwei Entwicklungen kommen: zu einer prolongierten Form des Besuchsrechts-Syndroms mit autoaggressiven Tendenzen: Unmittelbar vor und nach den Besuchen reagieren die Kinder nicht nur psychosomatisch, sondern beißen sich z. B. auf die Lippen oder in den Arm oder reißen ihre Nagelfälze an den Fingern blutig. Eine andere Entwicklung mündet schließlich in eine totale Parteinahme für einen Elternteil, wenn der Druck des Loyalitätskonfliktes zu groß wird und nicht mehr ausgehalten werden kann. Es wäre dies dann eine Schutzfunktion, die das Kind vornimmt. Der Besuchsberechtigte, der »leer ausgeht«, wird das eigenartige Verhalten des Kindes als ein »PAS-Syndrom« deuten.

Der Verdacht des sexuellen Missbrauchs

Seit den 80er-Jahren des letzten Jahrhunderts rückten Vorwürfe sexuellen Missbrauchs innerhalb familienrechtlicher Verfahren, insbesondere beim Sorgerechts- und Umgangsrechtsstreit, nicht nur in der Öffentlichkeit, sondern auch in der Fachwelt zunehmend ins Bewusstsein. Das Magazin *Der Spiegel* widmete in der 25. Ausgabe 1994 diesem Thema seinen Leitartikel: *Jeder Mann ein Kinderschänder? Sexueller Missbrauch vor Gericht.* Seit der US-Star-Regisseur Woody Allen im März 1993 vor Gericht stand und von seiner Frau,

Mia Farrow, des sexuellen Missbrauchs an der Adoptivtochter beschuldigt wurde, blieb das Thema »auf dem Niveau« der Boulevard-Presse bis heute lebendig. Die Fachwelt hat die Frage der so genannten »Falschaussagen« in Familienrechtsverfahren seitdem aufgegriffen und untersucht. Nach Angaben des Vorsitzenden des Deutschen Familiengerichtstages, S. Wilutzky (1993), wurde damals der Vorwurf des sexuellen Missbrauchs in 10 bis 15 % der Sorge- und Umgangsrechtsfälle erhoben, während es in den 80er-Jahren einen solchen Vorwurf nur alle zwei bis drei Jahre gegeben hatte. Seinen Angaben zufolge lag die Zahl der Fälle, in denen die Vorwürfe nicht nachzuweisen waren, bei 70 bis 85 %. Gardner (1987) war der Auffassung, dass bei seinen »PAS-Fällen« zu über 90 % solche Falschbeschuldigungen von einem Elternteil vorgenommen worden waren, um den anderen Elternteil anzuschwärzen und ihn damit dem Kind zu entfremden. Andere Autoren waren der Ansicht, dass dort, wo der Verdacht des sexuellen Missbrauchs geäußert werde, das Kind in jedem Fall gefährdet sei, sei es durch den sexuellen Missbrauch oder die missbräuchliche Ausnutzung der kindlichen Loyalitätsbereitschaft und Abhängigkeit, die aus der Scheidungssituation resultierten. »Das Problem der Suche nach der Wahrheit muss deshalb umdefiniert werden in das Problem der Suche nach der richtigen Unterstützung und Hilfe für das Kind und seine Eltern« (Röcker 1989).

Eine eigene Untersuchung (Deberding & Klosinski 1995) und Retrospektivanalyse von 48 Sorge- und Umgangsrechtsregelungsgutachten in den Jahren 1981, 1990, 1991 und 1992 ergab folgendes Bild: Während die Häufigkeitsrate bei Gutachten in Verbindung mit dem Vorwurf des sexuellen Missbrauchs 1981 noch bei 2,7 % lag, erhöhte sich die Zahl der Verdachtsfälle des sexuellen Missbrauchs Anfang der 90er-Jahre bis auf 28,7 % im Jahre 1992. In den letzten Jahren hat sich die Rate der Fälle von Verdacht auf sexuellen Missbrauch bei den in der Tübinger Kinder- und Jugendpsychiatrie durchgeführten Gutachten auf etwa 15 bis 20 % eingependelt. Die Analyse ergab ferner, dass die Missbrauchsbeschuldigungen zu 60 % von den Müttern, zu 13 % von den Vätern (in Bezug auf die Stiefväter) und zu 17 % von Mitarbeitern/Mitarbeiterinnen öffentlicher Institutionen oder Beratungsstellen erhoben worden waren. Die Vorwürfe richteten sich zu 70 % gegen die tatverdächtigen Väter, zu 10 % gegen die Mütter und zu 20 % gegen andere männliche Bezugspersonen der untersuchten Kinder. Der Vorwurf des sexuellen Missbrauchs wurde bei einem Drittel der Gutachten als wahrscheinlich zutreffend gewertet, bei zwei Dritteln hingegen als unwahrscheinlich und nicht begründet. Als Konsequenz wurde in einem Drittel der Fälle ein Sorge- bzw. Umgangsrecht des Tatverdächtigen aus der Sicht der Gutachter als bedenkenlos angesehen, in etwa 25 % wurde ein solches unter bestimmten Bedingungen empfohlen, in 35 % der Fälle hingegen nicht. Das Alter der involvierten Kinder, um die es ging, lag zwischen 4 Monaten und 10 Jahren. Die Verteilung von Jungen zu Mädchen war 42 % zu 58 %.

Eindeutig beweiskräftige Verhaltensauffälligkeiten und Reaktionen der Kinder nach einem sexuellen Missbrauch gibt es nicht. Verdächtige Zeichen sind hingegen ein nicht altersentsprechendes auffälliges Sexualverhalten, psychosomatische Störungen, Flucht in eine Fantasiewelt oder Nebenrealität, Depressionen und Gefühlshemmungen, aggressives, gereiztes und destruktives Verhalten sowie emotionale Rückzugstendenzen. In unserer Untersuchung wiesen 16 % der betroffenen Kinder ein sexualisiertes Verhalten auf. 60 % gaben eine positive Beziehung zum tatverdächtigen Elternteil an, während die restlichen Kinder diesen ablehnten oder eine ambivalente Einstellung zu ihm hatten. Die Beziehung der Kinder zur nicht tatverdächtigen elterlichen Bezugsperson, die meistens auch die Verdächtigungen des sexuellen Missbrauches mittrug, wurde zu etwa 80 % als positiv geschildert. 25 % der Kinder verweigerten den Kontakt zum Tatverdächtigen, 33 % verhielten sich neutral und fühlten sich zu beiden Elternteilen hingezogen.

Kommt es zum Vorwurf des sexuellen Missbrauchs, werden entweder so genannte »Hands-on-Vorwürfe« vorgebracht oder »Hands-off-Vorwürfe«.

Unter Hands-on-Vorwürfe fallen:

- Nötigung des Kindes zur sexuellen Stimulation,
- häufiges Befühlen, Küssen oder Betasten,

- Erektion bei Formen des Körperkontakts oder während des Badens,
- gemeinsames Schlafen mit dem Kind ab der Pubertät,
- Herstellen von kinderpornografischen Videos,
- orale, anale oder vaginale Penetrationen.

Hands-off-Vorwürfe beziehen sich auf exhibitionistischen Missbrauch:

- Heimliches Beobachten des Kindes,
- Benutzen von pornografischem Bildmaterial in Anwesenheit des Kindes,
- Vorzeigen des erigierten Gliedes etc.

In unserem Gutachtenmaterial fanden sich bei den Tatverdächtigen etwa doppelt so häufig Hinweise auf sexuelle Schwierigkeiten (39 %) wie bei den nicht tatverdächtigen Bezugspersonen (20 %). Die meisten Tatverdächtigen lehnten den Verdacht des sexuellen Missbrauchs ab (71 %). Erklärungsmuster für das Aufkommen des sexuellen Missbrauchs lieferten 59 % der Tatverdächtigen. Sie begründeten dies entweder mit dem Hinweis auf eine sexuelle Problematik (21 %) oder führten es auf schlechtes Erziehungsverhalten der gegnerischen Seite zurück (17 %). 21 % nannten andere Gründe. Die beschuldigenden Bezugspersonen reagierten auf den Missbrauchsverdacht mit Kontaktabbruch oder -einschränkung gegenüber dem Tatverdächtigen (24 %) und zusätzlicher Therapie der Kinder (33 %) bzw. Einleiten gerichtlicher Schritte (15 %). Ein Fünftel der beschuldigenden Bezugspersonen hatten hingegen keine Schritte als Konsequenz auf den Verdacht unternommen.

Die schwierige Situation für diejenigen Elternteile, die den Verdacht vorbringt, ist dadurch gegeben, dass sexueller Missbrauch selbstverständlich auch in Nachscheidungsfamilien vorkommt – und hier etwas häufiger als in nach außen hin intakten Familien. Der Verdacht kommt nach einer Trennung u. a. auch deswegen auf, weil sich die Mütter z. B. fragen, wie der ehemalige Partner, der noch keine neue Partnerin hat, mit seiner »nicht ausgelebten« Sexualität wohl umgeht. Kommen dann eigene Missbrauchserfahrungen in der Kindheit hinzu, werden diese gelegentlich auf den ehemaligen Partner und das Kind projiziert. Da emotionale und verhaltensbezogene Auffälligkeiten (akute affektive Schwankungen, sozialer Rückzug, Beziehungsverweigerung, plötzliches aggressives Verhalten, dissoziale Entwicklung, sexualisierte Sprache und sexualisiertes Verhalten) sowie Leistungseinbrüche in der Schule, schwankendes Leistungsverhalten, Weglaufen von Zuhause, Quälen von anderen Kindern oder Tieren sowie Ängste, Phobien, Schlafstörungen, Alpträume und das Wiederauftreten von Einnässen, Einkoten, zudem Essstörungen, Sprachstörungen, Atemstörungen sowie Kopf-, Bauch- und Unterleibsbeschwerden Merkmale des Verdachts auf sexuellen Missbrauch sein können – aber nicht müssen, weil sie auch bei vielen anderen Problemlagen des Kindes auftreten können –, ist die Not der Erwachsenen groß: Wird der Verdacht erhoben und ist er unbegründet, kommt es zu einer Verschärfung der elterlichen Konfliktlage. Liegt aber tatsächlich ein Missbrauch vor, muss dieser konsequent beendet werden, z. B. durch begleiteten Umgang ohne Übernachtung.

Selbst körperliche Befunde im Genital- und Analbereich sind meistens nicht eindeutig beweiskräftig, sondern nur hoch verdächtig, weil sie durch andere Ursachen als einen sexuellen Missbrauch hervorgerufen werden können. Finden sich hingegen Spermien im Genital- oder Analbereich oder spezifische Krankheitserreger von Geschlechtskrankheiten (z. B. Gonokokken), ist die Situation ziemlich eindeutig. Hoch verdächtig sind folgende genitale und anale Befunde, die zu einer gynäkologischen Abklärung führen sollten: bei Mädchen: Ausfluss, Rötung der Scheidenanteile, Rötung der Harnröhrenöffnung, Schmerzen beim Wasserlassen, mit Blut vermengter Urin, vaginale Blutungen (»vorzeitige Periode«), weites Klaffen des Scheideneingangs, Klagen über Schmerzen im Scheidenbereich, breitbeiniger Gang. Bei Jungen: Schmerzen im Genitalbereich, besonders am Penis, Schmerzen beim Wasserlassen, Rötung und Schwellung des Penis, Blutergüsse und Abschürfungen, Abschnürungsmarken, Bissspuren. Im Analbereich: Schmerzen beim Stuhlgang, breitbeiniger Gang, Stuhlverhalten, Ausfluss, Rötungen, Schmerzen, Warzen, übermäßige Venenbildung (Hämorrhoiden), Klaffen des Anus etc.

Gelegentlich sind es aber auch »harmlose Missverständnisse«, die zu einem Missbrauchsvorwurf führen:

So kam ein 2 ½-jähriges Mädchen nach einem Wochenendbesuch vom getrennt lebenden Vater zur Mutter zurück und teilte dieser spontan mit: »Der Papa hat Aua«, wobei sie ihre Hände in die Leistengegend führte. Die Mutter hegte sofort Verdacht auf sexuellen Missbrauch, ohne dass sie am äußeren Genital des Kindes selbst etwas hätte feststellen können. Die gynäkologische Untersuchung durch den Kinderarzt ergab keinen auffälligen Befund. Der Mutter wurde aber mitgeteilt, dass eine solche Äußerung des Kindes hoch verdächtig in Bezug auf sexuellen Missbrauch sei. Die Situation klärte sich dann wie folgt auf: Der Vater hatte 10 Tage zuvor eine Leistenoperation vornehmen lassen müssen. Da die Tochter bei ihm spontan auf dem Schoß sitzen wollte, um ein Bilderbuch mit ihm anzusehen, wie sie es bei früheren Besuchswochenenden stets getan hatte, teilte er ihr mit, sie könne nicht auf seinem Schoß sitzen, da er »unten Aua habe«, wobei er mit seiner Hand auf seine Leistengegend zeigte.

In unserer Gesellschaft gibt es eine große Bandbreite in Bezug auf noch normales Verhalten oder bereits grenzwertiges bzw. gar übergriffiges sexuelles Verhalten: In vielen Familien gilt es nicht als anzüglich, wenn der Vater oder die Mutter mit ihren Kleinkindern in der Badewanne baden. Es stellt sich aber bereits für viele Eltern die Frage, ob dies noch in der Phase der Vorpubertät bzw. beginnenden Pubertät zu vertreten ist. Viele Eltern würden spätestens jetzt ein solches gemeinsames Bad von Vater und Tochter bzw. Mutter und Sohn nicht mehr für angemessen erachten. Die Frage stellt sich aber, ob z. B. bei Anhängern der Freikörperkultur (FKK) diese Einschätzung ebenfalls geteilt wird.

Weitere »Graubereiche« sind folgende:

Kinder, die nicht schlafen können, Ängste haben oder krank sind, suchen nicht selten das Ehebett ihrer Eltern auf. In aller Regel wird dies von Vater und Mutter toleriert, wenn die Ehe intakt ist und die Kinder noch nicht in der Pubertät sind. Anders stellt sich die Situation dar, wenn die Eltern getrennt leben und etwa die 10-jährige Tochter berichtet, sie habe am Wochenende mit dem Vater in einem Bett geschlafen. Dies kann von beiden Seiten als völlig harmlos angesehen werden, unter Umständen aber auch als der Beginn einer Grenzüberschreitung. Wie unterschiedlich die Auffassungen sind, wird am folgenden Verhalten einer 17-Jährigen ersichtlich: Ihre Eltern lebten getrennt und sie besuchte alle 14 Tage den Vater in dessen Einzimmerwohnung, die er nach der Trennung bezogen hatte. Es gab dort ein französisches Doppelbett, und alle 14 Tage besuchte ihn dort seine neue Partnerin. Die 17-Jährige wusste dies und empfand es als empörend, als der Therapeut im Rahmen eines therapeutischen Gespräches die Frage stellte, ob es für sie in Ordnung sei, wenn sie mit dem Vater in einem Bett schlafe! Sowohl der Vater als auch die leibliche Mutter nahmen hieran keinerlei Anstoß, und beide Elternteile sowie die Jugendliche waren entsetzt über die »Nachfrage« des Therapeuten.

Bei einer 1992 vorgenommenen Untersuchung an der Tübinger Kinder- und Jugendpsychiatrischen Abteilung (Günter et al. 1997) ließen sich die folgenden Ausgangskonstellationen bei Trennungen beschreiben, in deren Rahmen es häufig zum Vorwurf des sexuellen Missbrauchs kommt:

Verlagerte Bindungswünsche

Der Elternteil, dem Missbrauch vorgeworfen wird, verlagert tatsächlich sexuelle Bindungswünsche, die eigentlich auf den Ehepartner gerichtet sind, auf das Kind. Das Kind dient damit als Partnerersatz, Trostspender und Ähnliches. Der sexualisierte Kontakt, der im Einzelnen sehr unterschiedlich gestaltet sein kann, kompensiert Gefühle von Insuffizienz und Depression.

Die inzestoide Familie

Bei diesem Typus haben in der Regel bereits lange vor der Trennung beide Eltern einen sexualisierten Umgang mit dem Kind: Nähe und Distanz werden unzureichend reguliert. Es kommt zu ständigen Übergriffen der Eltern auf das Kind, die nicht nur die sexuelle Missbrauchssituation im engeren Sinne betreffen, sondern als charakteristisch für die gesamte familiäre Dynamik anzusehen sind.

Projizierte eigene sexuelle Problematik

Der Elternteil, welcher den Vorwurf des sexuellen Missbrauchs vorbringt, projiziert seine eigene sexuelle Problematik auf den Partner. Er nimmt vor diesem Hintergrund an, dass der Partner seine Perversion an dem Kind auslebe. In einem Teil der Fälle ermöglichen solche Projektionen offenbar erst eine Trennung und Distanzierung vom Partner, sodass diese Projektion damit eine stark entlastende Funktion für den Beschuldiger bedeutet.

Ein Beispiel:

> Die 13 Jahre alte Katja und der 12 Jahre alte Moritz erlebten die Trennung ihrer Eltern im Alter von 6 und 5 Jahren: Damals war die Mutter nach einer Mutter-Kind-Kur nicht mehr in die gemeinsame eheliche Wohnung zurückgekehrt. Während der Trennungsphase verzichtete der Vater auf ein gemeinsames Sorgerecht, um so einen besseren Umgang mit den Kindern zu ermöglichen. Er hatte seiner Frau am Anfang der Trennung mitgeteilt, dass er Suizidgedanken gehabt habe, worauf sie darauf bestand, er dürfe die Kinder nur noch sehen, wenn er sie in ihrer neuen Wohnung besuche, in ihrer Anwesenheit. Die Situation besserte sich, sodass der Vater mit seinen Kindern auch die Großeltern väterlicherseits im Rahmen der Besuchskontakte aufsuchte. Die Spannungen zwischen den Eltern hingegen verschärften sich, nicht zuletzt wegen des Hausverkaufs, der notwendig wurde. Nach einem Besuchswochenende, bei dem die Kinder gemeinsam mit dem Vater dessen Eltern besuchten (die Mutter sollte sie von dort abholen), weigerten sich die Kinder zunächst, mit der Mutter nach Hause zu gehen. Darauf war diese nach Ansicht des Vaters »ausgerastet« mit der Folge, dass Katja mehr und mehr die Besuche ablehnte und über Bauchschmerzen sowie über vermehrten Schulstress durch die Besuche klagte. Aus der Sicht des Vaters wollte die Tochter deswegen nicht mehr zu ihm, weil es die Mutter nicht guthieß. Nachdem der

Junge den Kontakt zum Vater aufrechterhalten hatte und ihn auch unter der Woche wenigstens einmal besuchen wollte, die Mutter ihm dies aber nicht erlaubte, entwickelte auch er psychosomatische Beschwerden, ganz ähnlich wie die Schwester. Diese Entwicklung führte dazu, dass im letzten Jahr vor der Begutachtung die Tochter den Vater gar nicht mehr, der Sohn den Vater nur ganz sporadisch sah. Bereits bei der gerichtlichen Anhörung lehnten beide Kinder weitere Besuche beim Vater mit der Begründung ab, wenn sie den Vater sähen, würden sie Bauchschmerzen und Kopfweh bekommen. Die Mutter erklärte dem Gutachter, der Junge wolle nicht mehr zum Vater, weil dieser sich sexuell übergriffig verhalten habe: Beim Besuchswochenende sei der Junge ins Bett des Vaters gekommen, der nackt geschlafen habe. Dabei habe es wohl genitale Berührungen gegeben und der Sohn habe sich geekelt, er wolle nicht mehr zum Vater. Moritz teilte dem Sachverständigen mit, er wolle den Vater nicht mehr sehen, fühle sich nicht wohl beim Papa: Er habe sich schon so »reingesteigert«, dass er Bauchkrämpfe und Kopfweh bekomme, wenn er nur an den Papa denke. Früher habe der Papa auch in der Badewanne immer Schatzsuche mit ihm gespielt, wobei er in Anwesenheit des Vaters Steine in der Wanne habe suchen müssen. Auch habe ihn geekelt, dass der Papa nackt neben ihm geschlafen habe. Einmal sei er mit dem Fuß bzw. seiner Ferse an den Hoden vom Papa gekommen und sei dadurch aufgewacht. Auf die Frage, ob der Papa ihm etwas zu Leide getan hätte, meinte Moritz: »Nicht dass ich wüsste«. Er habe den Fuß weggezogen und sich umgedreht. Aus Versehen sei er dann noch mal mit dem Fuß an den Hoden vom Papa gekommen, der daraufhin gesagt habe: »Lass das!« Die Mutter teilte im Gespräch u. a. mit, sie habe in jener Zeit, als es noch zu Umgangskontakten zwischen Vater und Kindern gekommen sei, eigentlich nur gewollt, dass ihr ehemaliger Mann sie und die Kinder in Ruhe lasse. Sie denke, dass irgendetwas zwischen dem Vater und den Kindern vorgefallen sein müsse, sonst könne sie sich nicht die große Angst der Kinder vor dem Vater erklären. Sie selbst habe ihren Vater verabscheut: Ihr Vater habe sie »betatscht« und geschlagen. Bei der Trennung ihrer Eltern sei sie 17, bei der Scheidung 18 Jahre alt gewesen. Erst mit 21 Jahren habe sie dann den Vater wieder besucht. Dies sei zuerst angenehm gewesen. Beim zweiten und dritten Termin sei dann bei ihr aber Ekel hochgekommen und

> Unwohlsein: Sie habe dann den Eindruck gehabt, dass sich ihr Vater bei einem Telefonat mit ihr »einen runtergeholt« habe, was für sie ernüchternd gewesen sei. Sie wolle nicht ausschließen, dass zwischen ihrem ehemaligen Partner und ihrem Sohn kein sexueller Missbrauch stattgefunden habe. Auf jeden Fall müsse der Sohn aber vom Vater irgendwie stark unter Druck gesetzt worden sein.

An diesem Beispiel wird deutlich, dass die problematische Lebensgeschichte der Mutter in Form von Ängsten und Ekelgefühlen ihrem eigenen Vater gegenüber auf die Kinder projiziert wurde.

Asymmetrische Partnerschaft

Eltern, die sich in der Partnerschaft als sexuelles Opfer fühlten – dies betrifft vor allem die Mütter –, projizieren in der Scheidungssituation die erlittene Opfersituation mitunter auf das Kind. Dabei spielt es keine Rolle, ob das Kind tatsächlich Opfer sexuellen Missbrauchs wurde oder nicht.

Der Vorwurf des sexuellen Missbrauchs, den es nicht nur in intakten Familien, sondern auch in Nachscheidungsfamilien immer wieder gibt, kann auch unbegründet sein und als »taktische Waffe« eingesetzt werden, um den ehemaligen Partner von den Kindern zu trennen, um sich am Partner zu rächen. Mit solchen unberechtigten Anschuldigungen werden die gemeinsamen Kinder emotional missbraucht. Es drängt sich folgender möglicher Zusammenhang auf: »Je häufiger sexuelle Gewalt in der Familie ein verkaufssteigernder Gemeinplatz in den Medien wird, desto mehr wird sich auch die Zahl bewusster Falschbeschuldigungen erhöhen« (Roemer & Wetzels 1991).

Beim Verdacht auf sexuellen Missbrauch ist ein behutsames und besonnenes, gleichwohl nicht bagatellisierendes Vorgehen zu empfehlen. Vermieden werden muss eine suggestive Befragung der Kinder: Je kleiner die Kinder sind, desto schneller stimmen sie bei suggestiven Fragen auch zu, ohne dass irgendeine reale Begebenheit vorgefallen sein muss. Die Mehrzahl der Hausärzte, Kinderärzte und Jugendamtmitarbeiter weiß, dass Missbrauchsverdacht auch unbegründet entstehen kann, und sind angehalten, diesbezüglich im Sinne des Kindeswohls angemessen mit den Eltern zu sprechen. Ein vorgebrachter Missbrauchsverdacht darf heute nicht automatisch zu einer Umgangssperre führen. Allenfalls ist es gerechtfertigt, den Umgang mit dem Beschuldigten in Form eines begleiteten Umganges mit Drittpersonen zu regeln.

4 Sorgerechts- bzw. Aufenthaltsbestimmungskriterien

Die Frage, bei welchem Elternteil die Kinder nach Trennung oder Scheidung ihren Lebensmittelpunkt haben sollen, wird sich an den vorhandenen Bindungen der Kinder an ihre Elternteile und an deren Fähigkeit, den Kontakt des Kindes auch zum anderen Elternteil zuzulassen, ausrichten müssen; ferner an dem verbal geäußerten und auch tiefer im Kinde verwurzelten »wahren Willen« der Kinder sowie daran, inwieweit die Erziehungsfähigkeit der Elternteile gegeben ist, ob sie ihre Kinder ausreichend fördern können und inwieweit sie die bisherige Kontinuität in der Versorgung und Erziehung gewährleisten können. Schließlich sind auch die faktischen Verhältnisse und die berechtigten Interessen der Beteiligten im Einzelfall zu berücksichtigen.

Der Wille des Kindes in Form einer verbalen Äußerung kann ihm suggestiv von einem Elternteil »nahe gelegt« worden sein. Je kleiner das Kind ist, desto größer ist eine solche Gefahr. Hinweise hierauf können ein nicht altersadäquater Wortschatz des Kindes, widersprüchliche Äußerungen oder erhebliche Ambivalenzkonflikte sein, die das Kind Dritten gegenüber zum Ausdruck bringt. Unter »wahrem Willen« versteht man jene Neigung und Tendenz des Kindes, die bei ihm nicht »einstudiert« oder durch einen Elternteil induziert worden ist und die man gegebenenfalls testpsychologisch auch ausmachen kann. Nach dem neuen Kindschaftsrechtsreformgesetz vom 1.7.1998 wird bei einer Trennung oder Scheidung generell davon ausgegangen, dass beide Elternteile im Regelfall auch weiterhin ein gemeinsames Sorgerecht ausüben. Wird von einer Seite ein alleiniges Sorgerecht gewünscht, muss dies in einem förmlichen Antrag ans Familiengericht eingefordert werden. Die Eltern könnten sich nach ihrer Trennung beispielsweise darauf verständigen, wo der Lebensmittelpunkt der Kinder liegen soll, könnten aber die Auffassung vertreten, ein gemeinsames Sorgerecht sei nicht praktikabel, weil auf der Paarebene eine Kommunikation fast nicht mehr möglich ist. Dies wäre in der Tat ein Grund zu überlegen, ob nicht ein alleiniges Sorgerecht beantragt werden soll. Für die Kinder, insbesondere wenn sie bereits im Schulalter sind, bedeutet das alleinige Sorgerecht für einen Elternteil, dass der andere Elternteil weniger bedeutsam ist. Den Kindern wird hierdurch amtlich bestätigt, wer das Sagen hat und allein über wichtige Dinge entscheidet. Auch beim gemeinsamen Sorgerecht fällt derjenige Elternteil in Dingen des täglichen Lebens die allermeisten Entscheidungen, der das Aufenthaltsbestimmungsrecht hat oder bei dem das Kind sich schwerpunktmäßig aufhält. Der Gesetzgeber definiert die Entscheidungen in Angelegenheiten des täglichen Lebens als solche, die in der Regel häufig vorkommen und die keine schwer abzuändernden Auswirkungen auf die Entwicklung des Kindes haben. Dies können z. B. sein: Organisation des täglichen Lebens des Kindes, Freizeitgestaltung des Kindes, Kleidung, Hausaufgaben, regelmäßige Arztbesuche etc. Grundsatzentscheidungen für all jene Angelegenheiten, deren Regelung für das Kind von erheblicher Bedeutung ist, erfordern hingegen beiderseitiges Einvernehmen beim gemeinsamen elterlichen Sorgerecht. Solche Angelegenheiten von erheblicher Bedeutung können sein: Aufenthaltsfrage des Kindes, Kindesunterhalt, Kindergartenbesuch, Einschulung, Schulwechsel, Ausübung teurer Sportarten, notwendige und geplante Operationen, Wechsel der Religionszugehörigkeit vor dem 14. Lebensjahr.

Sind Eltern in solchen Grundsatzentscheidungen zerstritten, kann ein Elternteil sich die Entscheidungsbefugnis gemäß § 1628 BGB vom Familiengericht übertragen lassen. Die Eltern sind aber vorher verpflichtet, gemäß § 1627 BGB zu versuchen, eine Einigung zu erzielen. Dies ist notfalls auch mit fremder Hilfe in Form von Beratung oder Mediation möglich und notwendig. Eine Aufspaltung der elterlichen Sorge ist gemäß § 1671 Abs. 1 BGB möglich: Dies bedeutet, dass das Gericht – unter Berücksichtigung des Grundsatzes des geringst möglichen Eingriffs in das Familienrecht – nur das Aufenthaltsbestimmungsrecht, das Recht der medizinischen Versorgung oder der Regelung der schulischen Angelegenheiten, das Recht der Beantragung von Sozial- und Jugendhilfeleistungen oder das Recht der Regelung des Umgangs auf nur einen Elternteil übertragen kann, um den Rest beiden Eltern gemeinsam zu belassen. Möglich ist auch, dass ein Teil der elterlichen Sorge weder dem Vater noch der Mutter, sondern dem Jugendamt übertragen wird, dies unter Belassung der übrigen Sorge bei den Eltern. Dies kann z. B. notwendig werden, wenn die Eltern keine ausreichende Einsicht in eine notwendig werdende medizinische Versorgung ihres Kindes haben und die Versorgung über längere Dauer erforderlich ist (z. B. Frühförderung von Kleinkindern). In verfahrenen und extrem zugespitzten Fällen kann es auch notwendig werden, dass das Kind weder beim Vater noch bei der Mutter lebt, sondern in einer Wohngruppe oder einem Heim untergebracht wird, d. h. das Aufenthaltsbestimmungsrecht beiden Elternteilen entzogen wird, um so dem Kind den Kontakt zu beiden Elternteilen zu sichern.

Gegenüber der Gesetzgebung vor dem 1.7.1998 ist festzustellen, dass den Eltern mehr Kooperationsbereitschaft nach Trennung und Scheidung zugemutet wird, um ein gemeinsames Sorgerecht für die Kinder zu praktizieren.

Gelegentlich streiten sich die Eltern über das Aufenthaltsbestimmungsrecht oder das Sorgerecht auch deswegen, weil jeder verhindern möchte, dass die Kinder von der verhassten ehemaligen Schwiegermutter mit betreut werden.

Kommt es zu einer Trennung oder Scheidung, ist der Staat aufgrund seines Wächteramtes verpflichtet, den Eltern Hilfe zu leisten, wenn sie ihren Rechten und Pflichten zur Erziehung und Pflege der Kinder nicht mehr nachkommen können. Maßstab der staatlichen Hilfe ist dabei das so genannte »Kindeswohl«, auch wenn das Verhalten der Eltern unverschuldet ist. Das Konstrukt »Kindeswohl« ist ein unbestimmter Rechtsbegriff, der neben dem leiblichen auch das geistige und seelische Wohl des Kindes umfasst.

Bei einer Gefährdung des Kindeswohls ist der Staat grundsätzlich verpflichtet, Hilfestellung anzubieten, gegebenenfalls auch entsprechende Maßnahmen einzuleiten, um das Wohl des Kindes zu sichern. Dabei hat der Staat (stellvertretend das Jugendamt und das Familiengericht) bei allen Maßnahmen den Grundsatz der Verhältnismäßigkeit zu wahren, d. h. die entsprechenden Maßnahmen und Eingriffe müssen geeignet, erforderlich und zumutbar sein. Dabei geht es stets um die Wiederherstellung elterlicher Kompetenz.

Im Folgenden sollen die oben aufgeführten Sorgerechts- bzw. Aufenthaltsbestimmungskriterien gesondert erläutert werden.

Bindung des Kindes an seine Elternteile

Der Begriff »Bindung«, wie ihn die Juristen gebrauchen und verstehen, meint in einem umfassenderen Sinne alle Beziehungsebenen des Kindes zu einer Bezugsperson. Damit orientiert sich der juristische Bindungsbegriff am umgangssprachlichen Verständnis des Wortes »Bindung«. In der Regel ist mit »Bindung« die Beziehungsqualität gemeint. Unter entwicklungspsychologischen Gesichtspunkten bezeichnet »Bindung« die Beziehung des Kindes zur Bindungsperson in einer engen Zweierbeziehung. Nach der heutigen Bindungstheorie stellt das Bindungssystem ein primäres, genetisch verankertes System dar, das zwischen der primären Bezugsperson (meist der Mutter) und dem Kind nach der Geburt aktiviert wird und überlebenssichernde Funktionen hat. Der Säugling sucht z. B. besonders dann die Nähe zu seiner primären Bezugsperson, wenn er Angst erlebt. Er erhofft sich von der Nähe zu seiner Mutter Sicherheit, Schutz und Geborgenheit. Langsam werden auch geistige mentale Repräsentationen von Beziehungserfahrungen als »innere Arbeitsmodelle« aufgebaut, mit der Funktion, bisherige Interaktionserfahrungen zu integrieren und Vorhersagen über das Verhalten anderer zu machen. Man unterscheidet sicher gebundene Kleinkinder von unsicher vermeidenden, unsicher ambivalenten und unsicher gebundenen Kindern. Welche Bindungsformen und -muster ein Kind zu seinen Bezugspersonen entwickelt, ist abhängig von den immer wieder neu erfolgenden Interaktionsangeboten der betreffenden Bezugspersonen. Ein wesentliches Kriterium zum Aufbau einer sicheren Bindung stellt die »Feinfühligkeit« dar. Eine gesunde Mutter-Kind-Beziehung zeichnet sich durch eine gute emotionale Kommunikation zwischen Mutter und Kind aus: Beide, Säugling bzw. Kleinkind einerseits und Mutter andererseits, erleben wechselseitige Affekte, die sie gegenseitig austauschen und angleichen. Hierbei ist die emotionale Verfügbarkeit der Bezugsperson entscheidend: Nach heutigen Erkenntnissen ist für eine gesunde psychische Entwicklung die Erfahrung von Wechselseitigkeit wichtig. Wechselseitigkeit, im Rahmen eines dynamischen Interaktionsmodells verstanden, meint das Teilen von Affekten, das gemeinsame Abstimmen von Affekten zwischen dem Kind und den bedeutsamen Bezugspersonen. Ein Versorgungsverhalten, das z. B. überkontrolliert, über- oder unterstimulierend ist, führt zu vermehrten negativen oder fehlregulierten Affekterfahrungen und zu Versuchen des Kleinkindes, seine Umgebung zu kontrollieren. Überschreitet der Einfluss negativer affektiver Emotionen ein gewisses Maß, kommt es zum so genannten »Abschalt-Phänomen«: Der Säugling bzw. das Kleinkind reduziert sein Interesse an der Umwelt, es entsteht eine so genannte »Deprivation« (»Beraubung« von emotional wichtigen Erfahrungen).

Die Bindungsqualität bei Kleinkindern lässt sich mit systematischer Verhaltensbeobachtung bestimmen: So kann nach kurzer Trennung von der Hauptbezugsperson am Muster der Wiedervereinigungsreaktion auf eine entsprechende Bindung geschlossen werden: Das Verhalten des Kindes nach einer Trennungs- oder Wiedervereinigungssituation von der Hauptbezugsperson, sei es seine Suche nach Nähe, Ablehnung oder Klammern etc., lässt Rückschlüsse auf eine sichere, unsichere, ambivalente oder chaotische Bindung zu. Bei älteren Kindern ab ca. 5 Jahren ist es auch möglich, über angefangene Geschichten, welche die Kinder weitererzählen wollen, die Bindungsart zur Bezugsperson zu ermitteln.

Kinder können Bindungen zu nicht verwandten Personen entwickeln, wenn dies in den ersten drei Lebensjahren erfolgt oder über einen längeren Zeitraum hinweg. Dabei unterscheidet sich die Bindung zu den leiblichen Eltern oder zu anderen Bezugspersonen grundsätzlich nicht. So genießen z. B. enge Bindungen zu Großeltern oder Stiefgeschwistern den gleichen rechtlichen Schutz wie die Bindungen zu den leiblichen Eltern.

Nicht selten kommt es vor, dass Kinder äußern, bei einem Elternteil wohnen zu wollen, weil sie an ihn unsicher gebunden sind, Angst haben, ihn zu verlieren. Diese Kinder sind an den anderen Elternteil dann z. B. sicherer gebunden und können es sich gleichsam »emotional leisten«, auf diesen Elternteil mehr zu verzichten, im Wissen oder in der Annahme, dass dieser die Trennung besser verkraften würde als der andere Elternteil. Kinder im Alter von 5 oder 6 Jahren neigen dazu, sich besonders stark mit dem gegengeschlechtlichen Elternteil zu verbünden, d. h. Mädchen favorisieren in diesem Alter unter Umständen die Väter, die Jungen hingegen die Mütter. Man spricht von der so genannten »ödipalen Phase«. Diese Situation ändert sich dann meist nach kurzer Zeit (wenigen Monaten) wieder, um in der Pubertät erneut einzutreten (zweite ödipale Phase). Bei vorpubertierenden und frühpubertierenden Mädchen kann es vorkommen, dass sie mit dem Vater kokettieren, die Mutter sozusagen »ausstechen«; Vergleichbares gilt für die pubertierenden Jungen. Die Bindung und Beziehung eines Kindes zu seinen Eltern ist nichts Statisches, sondern stets dynamisch und wandelbar. Kümmert sich z. B. ein Vater mehr um das älteste Kind, weil die Mutter vollauf mit einem zweiten weiteren Kind beschäftigt ist, dann kann es sein, dass das Erstgeborene ein ausgesprochenes »Papa-Kind« wird, während das zweite Kind als »Nesthäkchen« mehr an die Mutter gebunden bleibt. Kinder, deren Eltern getrennt leben und die die Elternteile regelmäßig und wechselseitig besuchen, signalisieren immer wieder, dass sie beide Elternteile gleichermaßen lieb haben. Oder sie signalisieren beim einen, sie wollten bei diesem bleiben, und sind sie beim anderen, geben sie an, lieber bei diesem wohnen zu wollen. Letzteres zeigt nur die hohe Abhängigkeit und Suggestibilität, denen insbesondere Kleinkinder ausgesetzt sind. Dies bedeutet, dass es in aller Regel keine eindeutige Relation zwischen Bindungsqualität des Kindes und seinem geäußerten Willen gibt. Hat ein Kind zu einem Elternteil oder zu einer wichtigen Bezugsperson (etwa die Großmutter) in der Vergangenheit eine enge Bindung aufgebaut und wird es von dieser Person getrennt, so stellt sich die Frage, ob diese Person im Umgang mit dem Kind die notwendige Feinfühligkeit auch weiterhin aufbringen wird und ob sie langfristig wieder zur Verfügung stehen kann. Dies gilt auch für Kinder, die nach der Trennung der Eltern aus der Familie herausgenommen wurden und nunmehr »rückgeführt« werden sollen.

Erziehungs- und Förderfähigkeit der Eltern

Bei der Bereitschaft, die elterliche Verantwortung zu übernehmen, geht es um eine »Förder- und Erziehungskompetenz«. Es geht ferner um die Versorgungs- und Betreuungsmöglichkeiten für die nahe und mittlere Zukunft: Eltern mit schweren psychischen Erkrankungen, durch die immer wieder eine stationäre Aufnahme erforderlich wird, sind begreiflicherweise nur bedingt erziehungsfähig und müssen in der Krankheitsphase Unterstützung bzw. eine Ersatzbetreuung (z. B. durch die Großeltern) erhalten. Typisch für allein erziehende Eltern ist ihre Tendenz, in ihrem Selbstverständnis auch die bisherige Rolle des anderen Elternteils mit zu übernehmen, d. h. der allein erziehende Vater übernimmt mütterliche Funktionen und die allein erziehende Mutter väterliche Funktionen. Sind Väter nach der Trennung weiterhin beruflich voll engagiert und verbleiben ihnen zunächst nur die Wochenenden für den weiteren Kontakt mit den Kindern, so werden sie nicht selten zu »Weekend-Daddys« mit der Gefahr, dass sie die Kinder verwöhnen, um ihnen am Wochenende »viel zu bieten«. Manche Väter entwickeln erst nach der Trennung ein großes Interesse und Engagement für ihr Kind und versuchen damit womöglich, Versäumnisse in der Vergangenheit auszugleichen. Das kann mitunter so weit führen, dass sie »die besseren Mütter« sein wollen. Die Einnahme und das Ausfüllen der Elternrolle in der Vergangenheit und in der Gegenwart sind für die Erziehungs- und Förderfähigkeit ebenso entscheidend wie konkrete Zukunftspläne bezüglich der Kindesbetreuung, Gestaltung von Freizeit oder Unterbringungs- und zeitliche Überbrückungsmöglichkeiten während des Tages. Die Erziehungs- und

Förderfähigkeit bezieht sich stets auf das konkrete Kind oder die Kinder. So kann es sein, dass ein Elternteil generell erziehungsfähig ist, dass aber ein behindertes Kind oder ein auffällig verhaltensgestörtes Kind einer besonderen Fürsorge bedarf, die der betreffende Elternteil nicht aufbringen kann. Nicht in Frage gestellt wird, dass ein noch zu stillender Säugling primär von der Mutter versorgt werden sollte, es sei denn, die Mutter kann das Kind nicht stillen, pumpt aber ihre Milch ab, die dann der andere Elternteil dem Säugling in Flaschenform darreicht. (Dieser Fall kann z. B. eintreten, wenn der Säugling von der kranken Mutter getrennt werden muss, diese aber weiterhin ihr Kind mit Milch versorgen möchte.) Muss ein Kind aufgrund der Arbeit eines Elternteils, der das Aufenthaltsbestimmungsrecht für das Kind erwirken möchte, fremdbetreut werden – sei es durch einer Tagesmutter oder durch Verwandte –, so stellt dies nicht zwingend die Betreuungs- und Erziehungsfähigkeit des Elternteils in Frage, insbesondere dann nicht, wenn die Betreuung nur halbtags erfolgt. In der Regel wird man aber eine Eigenbetreuung einer Fremdbetreuung vorziehen, wobei auch neue Partner und deren Förder- und Versorgungsmöglichkeiten zu berücksichtigen sind. Im Einzelfall kann auch die sozio-ökonomische Situation nach einer Trennung ein Kriterium sein, das für oder gegen ein Aufenthaltsbestimmungsrecht eines Elternteils spricht. Die Möglichkeit, bei einem Elternteil zweisprachig aufzuwachsen, kann ebenfalls ein wichtiger Gesichtspunkt sein, der mittel- und langfristig für einen Elternteil sprechen könnte (z. B. italienischer Vater, der nach der Trennung bei seinen eigenen Eltern wohnt und mit diesen ausschließlich Italienisch spricht, sehr wohl aber auch Deutsch spricht und seinem Kind sowohl die deutsche als auch die italienische Sprache und Kultur vermitteln möchte).

Bei der Erziehungs- und Förderfähigkeit geht es um die zentrale Frage, ob der jeweilige Elternteil sich altersadäquat in das Kind einfühlen und mit ihm umgehen kann. Die Frage, ob ein eher gewährender oder eher strukturierender Erziehungsstil vorliegt, ist bei normalen, nicht verhaltensauffälligen Kindern weniger relevant, kann aber bei verhaltensauffälligen Kindern Bedeutung erlangen: So wäre

z. B. bei einem Kind mit einer Aufmerksamkeitsdefizitstörung ein eher strukturierender Umgangsstil günstiger als eine »Laisser-faire-Haltung«.

Bindungstoleranz und Wohlverhaltensgebot

Bindungstoleranz und Wohlverhaltensgebot verpflichten zur Umgangsloyalität: Damit ist gemeint, dass jeder Elternteil dem getrennt lebenden Elternteil den Kontakt zum Kind nicht nur gewähren, sondern diesen auch unterstützen muss. Alles, was das Verhältnis des Kindes zum anderen Elternteil beeinträchtigt oder erschwert, ist zu unterlassen. Dies gilt auch für jene Personen, die das Kind betreuen oder in Pflege haben. Kommt ein Elternteil diesem Umgangsloyalitätsgebot nicht nach, versucht er, durch Unterbinden des Kontaktes zum anderen Elternteil z. B. das alleinige Sorgerecht zu erreichen, so schränkt dies seine Erziehungseignung unter Umständen deutlich ein.

> Natascha ist Einzelkind. Bei der Trennung ihrer Eltern ist sie 4 Jahre alt. Die Trennung der Eltern verläuft dramatisch: Der Vater hatte die Mutter gewürgt, geschlagen, sodass sie die Flucht ergriff, ohne die Tochter mitnehmen zu können. Als sie am nächsten Tag ihren Mann anruft, um sich nach der Tochter zu erkundigen, bekommt sie nur zu hören: »Du bist gegangen, Natascha siehst du nie wieder.« Am Geburtstag des Kindes kommt die Mutter vorbei, um ein Geschenk abzugeben. Der Vater öffnet ihr nicht und teilt dem Kind mit, die Mama habe es nicht einmal für nötig befunden, an Nataschas Geburtstag vorbeizukommen. Damit hat der Vater sträflich gegen die Bindungstoleranz verstoßen, da seine Äußerungen dem Kind gegenüber die Mutter in einem schlechten Licht erscheinen lassen. Ein Jahr später wechselt das Kind zur Mutter. Die Mutter teilt mit, der Vater zahle keinen Unterhalt, ohne dies näher zu erläutern (der Vater war arbeitslos geworden und steckte in einer finanziellen Krise). Damit zeichnet die Mutter ein schlechtes Bild vom Vater, in der Absicht, dass die Tochter mit dem Vater hadert, sich mit der Mutter solidarisiert. Die Mutter erreicht dies letztlich auch, da die Tochter im Rahmen des Gut-

achtenprozesses genau dies als negativen Punkt, bezogen auf den Vater, vorbringt.

Ein grober Verstoß gegen das Wohlverhaltensgebot kann zur Einrichtung einer Verfahrenspflegschaft und schließlich auch zu einem Wechsel der Alleinsorge auf den anderen Elternteil führen. Die Bindungstoleranz gebietet es z. B., dass das Kind ein Bild oder Foto von jenem Elternteil, der ein Umgangsrecht hat, in seinem Zimmer aufstellen oder aufhängen darf. Die Fähigkeit, eine Bindungstoleranz zu entwickeln, hängt davon ab, ob die Eltern es fertig bringen, zwischen der Paarebene und der Eltern-Kind-Ebene zu trennen. Ist die emotionale und psychische Trennungsverarbeitung unzureichend, kommt es immer wieder zum Verstoß gegen das Wohlverhaltensgebot: Den Kindern wird kein eigenständiges Gefühl dem ehemaligen Partner gegenüber eingeräumt, das vom eigenen Gefühl unter Umständen stark abweichen kann. Erst wenn sich der betreffende Elternteil empathisch auch in die Situation des Kindes hineinversetzen kann, kann es zum Aufbau einer Bindungstoleranz kommen. Es genügt eben nicht, den Kindern nichts in den Weg zu legen oder »ihnen nur zu gestatten«, dass sie den anderen Elternteil besuchen dürfen; erforderlich wäre, dass sie von der Wichtigkeit und vom positiven Einfluss des Umgangs mit dem ehemaligen Partner überzeugt sind und dies dem Kind emotional auch glaubhaft vermitteln. Äußere Rahmenbedingungen können die gebotene Umgangsloyalität erschweren: Befindet sich der Vater z. B. für längere Zeit in Haft, wird die Mutter vielleicht argumentieren, dem 5-jährigen Kind sei ein Besuch im Gefängnis nicht zuzumuten. Meist versteckt sich hinter einer solchen Argumentation weniger die Sorge um das Kind als die eigene Scham oder gar Verachtung dem ehemaligen Partner gegenüber.

Gründe, warum eine Bindungstoleranz zu wünschen übrig lässt, können auch darin liegen, dass noch Rachegefühle vorhanden sind, seien sie bewusst oder unbewusst: Man will den ehemaligen Partner »treffen«, indem der Umgang mit dem Kind nicht aktiv unterstützt, sondern eher erschwert wird. Stellt sich ein Besuchsrechts-Syndrom beim Kind ein, das als solches nicht erkannt wird, führt dies in aller

Regel beim Elternteil, der das Aufenthaltsbestimmungsrecht hat, zu einer erheblich verminderten Umgangsloyalität. Für Kinder in Trennungsfamilien ist es aber wesentlich, dass von beiden Seiten eine Bindungstoleranz aufgebaut wird, um so einen reibungslosen Umgang des Kindes überhaupt erst zu ermöglichen.

Versorgung und Betreuung

Mit »Kontinuität« ist die Bewahrung aktuell bestehender Bindungen, Erziehungsverhältnisse und der Versorgungslage gemeint. Unterschieden wird zwischen einer *personalen Kontinuität* (Kontinuität in der Beziehung zu einer Bezugsperson) in Form einer »Erlebniskontinuität« und einer *lokalen Kontinuität* (Wohnort, Wohnung und Beibehaltung der Nachbarschaft). Die Bedeutung der Kontinuität als Sorgerechts- bzw. Aufenthaltsbestimmungskriterium stützt sich auf die Annahme, dass Stetigkeit, Gleichmäßigkeit und Stabilität der Lebens- und Erziehungsverhältnisse – wie sie vor der Trennung bestanden haben – am ehesten dem Wohl des Kindes entsprechen. Allgemein wird einer Betreuungskontinuität durch die Bezugspersonen mehr Gewicht beigemessen als der Kontinuität des Wohnortes oder der Wohnung. Kontinuitäts- und Stabilitätsbedürfnisse der Kinder sind altersabhängig: So wird man Kindern im Kleinkind- und Kindergartenalter einen Wechsel eher zumuten können als Kindern, die bereits in der 5. Schulklasse sind und beginnen, innige und tiefere Freundschaften einzugehen. Ein Wohnortwechsel muss für das betroffene Kind nicht automatisch mit einer Labilisierung seines Selbstwertgefühls verbunden sein, sondern kann auch zu einer Reifung des Kindes führen und seine flexible Anpassungsleistung an neue Umgebungsfaktoren steigern. Unstrittig ist, dass fehlende Sozialkontakte und räumliche Beengtheit meist ein Hinweis auf hemmende Faktoren für die Entwicklung eines sozial aktiven Verhaltens der Kinder sind. Es genügt nicht, den Gesichtspunkt der Kontinuität nur aus der Perspektive der Vergangenheit zu betrachten. Es gilt vielmehr zu fragen, welche vorhersagbaren Weiterentwicklungen für das Kind gegeben sind, wenn es zum Vater oder zur Mutter geht bzw. bei diesen bleibt. Der Erhalt der Einbindung in ein großelterliches Umfeld oder in das Umfeld der älteren Geschwister, die sich bereits bezüglich ihres Verbleibs entschieden haben, kann für das Kind von entscheidender Bedeutung sein und erweitert den personalen Kontinuitätsaspekt über die Eltern hinaus.

Familiäre Einbindung

Die Bestimmung von familiären Ressourcen, Potenzialen und Möglichkeiten für das Kind sind bei der Frage, bei welchem Elternteil das Kind besser aufgehoben ist, stets zu klären. Lebt ein Elternteil sehr isoliert, hat er z. B. seine persönlichen Beziehungen zur eigenen Herkunftsfamilie eingestellt und grenzt er sich womöglich auch von den ehemaligen Schwiegereltern, Schwagern und Schwägerinnen entsprechend ab, so kann dies zu einer Risikosituation für das Kind werden, wenn es bei diesem Elternteil seinen Lebensmittelpunkt hat: Wird dieser z. B. krank und ist er auf sich allein gestellt, wird er niemanden haben, auf den er zurückgreifen kann, was ein erhebliches Risiko für das betreffende Kind/die Kinder bedeuten kann. Lebt ein Elternteil eng mit eigenen Verwandten zusammen, können diese meist problematische Situationen »abfedern« und helfend eingreifen, wenn dies notwendig wird. Elternteile sind immer dann benachteiligt, wenn ihre Herkunftsfamilie im Ausland lebt, zu weit entfernt, um im Notfall schnell und effektiv Hilfe anzubieten. Die familiäre Ressource wird häufig dadurch erweitert, dass die Eltern nach ihrer Trennung neue Partnerschaften eingehen, sodass die neuen Partner ihrerseits die Betreuung und Versorgung der Kinder übernehmen und gewährleisten können. Immer wieder stellt sich die Frage, in welchem Alter und mit welchem Krankheits- oder »Gebrechlichkeitsgrad« Großeltern Betreuungsfunktionen oder gar Mutter-Ersatz-Funktionen übernehmen können oder sollen. Dies kann nur individuell entschieden werden. Lebt ein Elternteil nach der Trennung in einem gleichgeschlechtlichen Beziehungsverhältnis zu einem erwachsenen neuen

Partner, wird dies vom ehemaligen Partner häufig als problematisch oder als gar nicht im Sinne des Kindeswohls angesehen. Nachdem die neue Rechtsprechung auch gleichgeschlechtliche Partnerschaften zulässt, kann dieses Argument so nicht mehr gelten.

Zu den familiären Ressourcen sind auch ältere Geschwister, Halb- und Stiefgeschwister zu zählen, die zum einen wichtige Versorgungsfunktionen mit übernehmen, zum anderen aber auch als enge Bezugspersonen wichtig sein können.

Außerfamiliäres Umfeld: Kindergarten, Schule und Freundeskreis

Wie angedeutet verkraften gesunde Kinder ohne größere Probleme einen Kindergarten- oder einen Schulwechsel, wie er beispielsweise durch Wohnortwechsel häufig nötig wird. Hat aber ein Kind z. B. durch zahlreiche Wohnortwechsel bereits viele Abbrüche seiner außerfamiliären Einbindungen hinnehmen müssen und hat es nunmehr endlich für längere Zeit gut in einem Kindergarten oder in einer Schule Fuß fassen können, kann eine neuerliche Herausnahme des Kindes aus seinen sozialen Bezügen außerfamiliärer Art eine ganz erhebliche Belastung darstellen. Besonders in der Vorpubertät und beginnenden Pubertät kommt es zu tiefen Freundschaften, die den Kindern unendlich viel bedeuten. Ein Wohnortwechsel infolge eines Wechsels zum anderen Elternteil kann dann zu einer erheblichen Trauerreaktion oder zu einer so genannten »Anpassungsstörung« führen. Waren zum Zeitpunkt der Trennung/Scheidung weder Vater noch Mutter in der Lage, ein Kind verantwortungsvoll weiter zu betreuen, sodass es über das Jugendamt in einer Wohngruppe untergebracht werden musste, so kann es dann zu einer nicht einfachen Entscheidungsproblematik kommen, wenn ein Elternteil wieder eine stabile Familiensituation mit neuem Partner/neuer Partnerin vorweisen kann und nunmehr darauf drängt, dass das Kind wieder zurückkommt. Die Betreuer der Wohngruppe werden dann z. B. argumentieren, die Einbindung des Kindes in die Gruppe Gleichaltriger habe zu einem stabilisierenden, stützenden und protektiven Faktor geführt. Würde man das Kind dieser Stütze berauben, könnte die positive Entwicklung schlagartig zunichte gemacht werden. Vergleichbares gilt für eine mögliche Rückführung aus einem Pflegeverhältnis gemäß § 1632 Abs. 4 BGB (lebt das Kind seit längerer Zeit in Familienpflege und wollen die Eltern das Kind von der Pflegeperson wegnehmen, so kann das Familiengericht von Amts wegen oder auf Antrag der Pflegeperson anordnen, dass das Kind bei der Pflegeperson verbleibt, wenn und solange das Kindeswohl durch die Wegnahme gefährdet wird).

Spezielle Hobbys in der Gruppe oder Vereinsaktivitäten von besonderer Bedeutung für das Kind stellen einen weiteren, im Einzelnen sehr wichtigen Faktor bei der Überlegung zum Aufenthaltsbestimmungsrecht dar.

Faktische Verhältnisse und Interessen der Beteiligten

Mit »faktischen Verhältnissen« ist gemeint, dass z. B mit einer räumlichen Trennung und der Art und Weise, wie diese Trennung erfolgt, Fakten geschaffen werden, die insbesondere für kleine Kinder einschneidend sein können. Der Faktor Zeit spielt hier mitunter die entscheidende Rolle: Wenn ein Kind von zwei Jahren nach der Trennung ein ganzes Jahr bei der Mutter verbleibt und nunmehr der Vater das Kind zu sich zurückholen will, so ist der Umstand, dass die Mutter, zeitlich gesehen, für ein Drittel des Lebens die alleinige Bezugsperson für das Kind war, gravierend. Hat sich ein Elternteil jahrelang nicht um das Kind gekümmert, kam er seiner Pflicht zum Umgang mit dem Kind nicht nach, so kann dies zu einer außerordentlichen Enttäuschung beim Kind führen, das auf keinen Fall wechseln möchte, selbst dann nicht, wenn die eventuelle Betreuungsperson vorübergehend verschuldet oder unverschuldet nicht mehr in der Lage ist, es ausreichend zu versorgen.

Bezüglich der Interessen der Beteiligten ist es wichtig, inwieweit die Großeltern in die Betreuung der Kinder miteingebunden sind. Gelegentlich kommt es vor, dass ein Elternteil nur formal um das alleinige Sorgerecht kämpft und dass hinter diesem Kampf die eigene Mutter, d. h. die Großmutter des Kindes, steht. Immer wieder wird in »Kampfscheidungen« vorgebracht, dass es dem anderen Elternteil nicht um das Kind, sondern nur um das Geld oder um die ehemalige gemeinsame eheliche Wohnung oder das Haus gehe, dass nur deswegen das alleinige Sorgerecht angestrebt werde. Dies kann tatsächlich zutreffen, wenn die Kinder signalisieren, dass sie sich nicht für den Vater oder die Mutter entscheiden wollen, aber im bisherigen elterlichen Haus wohnen bleiben möchten, das beiden Elternteilen jeweils zur Hälfte gehört.

Die Religionszugehörigkeit bei unterschiedlichen Konfessionen sowie der Umstand einer »Zweisprachigkeit« können ebenfalls im Einzelfall bedeutsam sein und müssen in die Überlegungen einfließen:

Alex ist Einzelkind, der Vater Italiener, die Mutter Deutsche. Die Eltern heirateten in Italien. Mit 6 Jahren erlebte der Junge die Trennung seiner Eltern, ein Jahr später die Scheidung. In beiderseitigem Einvernehmen wurde die elterliche Sorge dem Vater übertragen. Beide Elternteile lebten in Deutschland nicht weit voneinander entfernt in kleineren Ortschaften. Als Alex 12 Jahre alt war, beantragte die Mutter zum zweiten Mal die Übertragung des alleinigen Sorgerechtes auf sie mit der Begründung, der Vater könne sich nicht ausreichend um das Kind kümmern, der Junge habe eine Schulklasse wiederholen müssen, da der Vater den Sohn bei den Hausaufgaben nicht ausreichend unterstützen könne. Dem widersprach der Vater und machte geltend, dass seine Eltern an der Versorgung ihres Enkels teilhätten, dass Alex in eine Förderklasse seiner Schule gekommen sei und nachmittags auch eine Hausaufgabenbetreuung im Rahmen einer sozialpädagogischen Tagesgruppe erhalte. Der Vater hatte Alex nach der Scheidung umtaufen lassen: vom evangelischen zum katholischen Glauben. Die Großeltern sprachen mit ihm Italienisch, der Vater Deutsch und Italienisch. Der Vater besuchte zusammen mit seinen Eltern und Alex jeden Sonntag die katholische Messe in der nahe gelegenen größeren Stadt. Nachdem Alex die 4. Grundschulklasse wiederholen musste, trat er in einen Fußballverein am Wohnort des Vaters ein. Er war ein sehr erfolgreicher Fußballer und gewann hierdurch sein angeschlagenes Selbstbewusstsein zurück. Die Mutter hatte ihn inzwischen im Rahmen des Sorgerechtsänderungsbegehrens in einem Handballklub ihres Wohnortes angemeldet, weil es dort keinen Fußballverein gab. Nachdem der Vorwurf der mangelnden Sorge durch den Vater auch vom Jugendamt entkräftet worden war, wurden folgende Gesichtspunkte besonders gewertet: Unter entwicklungspsychologischen Aspekten erschien es für Alex besonders notwendig, dass er sich in der Vorpubertät mit seinem Vater gut identifizieren konnte, um dann im Verlauf der Pubertät in seine männliche Geschlechtsrollenidentität hineinzuwachsen und diese zu akzeptieren. Er war zweisprachig aufgewachsen und hatte eine italienische und eine deutsche Identität aufgebaut. Mit einem Wechsel zur Mutter würde er gerade in der wichtigen Phase der Vorpubertät diese »italienische Identität« zwar nicht ganz verlieren, er wäre aber weniger in ihr verankert, könnte sich weniger auf sie stützen. Außerdem hatte die Mutter die Bedeutung der sportlichen Aktivität ihres Sohnes nicht in ihrem ganzen Ausmaß erfasst und war der Auffassung, dass der Sohn über die Teilnahme im Handballverein den Verlust des Fußballvereins und seine dortige Einbindung verkraften würde. Hinzu kam, dass Alex umgetauft worden war und damit über den praktizierenden Glauben eine stärkere Verwurzelung im väterlichen Bereich erfahren hatte. Diese Überlegungen waren mit ausschlaggebend, den Eltern und dem Gericht zu empfehlen, Alex bezüglich seines Lebensmittelpunktes beim Vater zu belassen.

Die aufgeführten Sorgerechts- bzw. Aufenthaltsbestimmungskriterien sind nicht rein quantitativ gegeneinander aufzulisten. Der Wille insbesondere von älteren Kindern, die Bindung der Kinder, ihre Beziehung zu ihren Elternteilen sowie die Erziehungsfähigkeit und die Bindungstoleranz der Elternteile sind in aller Regel die wichtigsten und entscheidenden Faktoren, die unter Berücksichtigung des Kindeswohls gegeneinander abgewogen werden müssen.

5 Wie häufig sollen Besuche nach Trennung und Scheidung erfolgen?

Nach dem neuen Kindschaftsrechtsreformgesetz (1.7.1998) gilt gleiches Umgangsrecht für eheliche und nicht-eheliche Kinder. Vor dem 1.7.1998 musste der Umgang des nicht-ehelichen Kindes mit dem Nicht-Sorgeberechtigten dem Kindeswohl dienen. Nunmehr heißt es in Absatz 3 zu § 1626 BGB: »Zum Wohl des Kindes gehört in der Regel der Umgang mit beiden Elternteilen. Gleiches gilt für den Umgang mit anderen Personen, zu denen das Kind Bindungen besitzt, wenn ihre Aufrechterhaltung für seine Entwicklung erforderlich ist.« Dies wird näher in den neuen Paragrafen 1684 und 1685 BGB erläutert:

> Paragraf 1684 BGB (Umgangsrecht von Kind und Eltern):
>
> »(1) Das Kind hat das Recht auf Umgang mit jedem Elternteil; jeder Elternteil ist zum Umgang mit dem Kind verpflichtet und berechtigt.
>
> (2) Die Eltern haben alles zu unterlassen, was das Verhältnis des Kindes zum jeweils anderen Elternteil beeinträchtigt oder die Erziehung erschwert. Entsprechendes gilt, wenn sich das Kind in der Obhut einer anderen Person befindet.
>
> (3) Das Familiengericht kann über den Umfang des Umgangsrechtes entscheiden und seine Ausübung, auch gegenüber Dritten, näher regeln. Es kann die Beteiligten durch Anordnungen zur Erfüllung der in Abs. 2 geregelten Pflicht anhalten.
>
> (4) Das Familiengericht kann das Umgangsrecht oder den Vollzug früherer Entscheidungen über das Umgangsrecht einschränken oder ausschließen, soweit dies zum Wohl des Kindes erforderlich ist. Eine Entscheidung, die das Umgangsrecht oder seinen Vollzug für längere Zeit oder auf Dauer einschränkt oder ausschließt, kann nur ergehen, wenn andernfalls das Wohl des Kindes gefährdet wäre. Das Familiengericht

kann insbesondere anordnen, dass der Umgang nur stattfinden darf, wenn ein mitwirkungsbereiter Dritter anwesend ist. Dritter kann auch ein Träger der Jugendhilfe oder ein Verein sein; dieser bestimmt dann jeweils, welche Einzelperson die Aufgabe wahrnimmt.«

Paragraf 1685 (Umgangsrecht anderer Personen):

»(1) Großeltern und Geschwister haben ein Recht auf Umgang mit dem Kind, wenn dieser dem Wohl des Kindes dient.

(2) Gleiches gilt für den Ehegatten oder früheren Ehegatten eines Elternteils, der mit dem Kind längere Zeit in häuslicher Gemeinschaft gelebt hat, und für Personen, bei denen das Kind längere Zeit in Familienpflege war.

(3) Paragraf 1684 Abs. 2 – 4 gilt entsprechend.«

Damit gilt seit dem 1.7.1998 als neue Regelung, dass dem Kind ein Umgangsrecht zusteht und dass eine Umgangspflicht und nicht nur ein Umgangsrecht für jeden Elternteil besteht. Hieraus folgt, dass dem Kontakt zum nicht betreuenden Elternteil wesentlich mehr Bedeutung beigemessen wird als früher.

Häufiger Streitpunkt beim Umgangsrecht ist das Holen und Bringen des Kindes. Grundsätzlich ist der sorgeberechtigte Elternteil nicht verpflichtet, das Kind dem anderen Elternteil zur Ausübung seines Umgangsrechts zu bringen und/oder es zurückzuholen. Dies ist allein Sache des Umgangsberechtigten. Der Ort für die Ausübung des Umgangsrechts ist regelmäßig die Wohnung des Umgangsberechtigten. Dieser bestimmt für den Zeitraum, in dem er das Umgangsrecht ausübt und das Kind zu Besuch hat, auch dessen Aufenthaltsort unter Berücksichtigung von Alter und Entwicklungstand des Kindes. Bei Ferienaufenthalten im Ausland muss dies mit dem Sorgerechtsträger abgestimmt werden. Grundsätzlich erstreckt sich das Umgangsrecht auch auf Telefon- und Briefkontakte, soweit sie dem Umgangszweck dienen. Telefonische Kontakte sind insbesondere dann sinnvoll, wenn der Umgangsberechtigte wegen großer räumlicher Entfernung, wegen schwerer Erkrankung oder aufgrund einer gerichtlichen Einschränkung des Besuchsrechts zu persönlichen Kontakten nicht oder nur sehr selten in der Lage ist. In solchen Fällen empfiehlt es sich, dass das Familiengericht auch die Zahl der Briefe bzw. die Anzahl und den Zeitpunkt sowie die Dauer der Telefongespräche festlegt: Je größer die Differenzen zwischen den Eltern diesbezüglich sind, desto genauer müssen die einzelnen Punkte formuliert werden.

Warum geregelte Besuche beim abwesenden Elternteil wichtig sind

Unter rein pragmatischen Gesichtspunkten bedarf es seitens des Besuchsberechtigten meist einer Zeitplanung, um kindgerechte Besuche angemessener zu ermöglichen. Sind die Wohnorte der Elternteile nicht weit voneinander entfernt, haben sich bei Kindern ab dem Kindergartenalter in Bezug auf die Häufigkeit von Besuchen gewisse Standards entwickelt. Eine »klassische« Standardregelung/-vereinbarung sieht Wochenendbesuche alle 14 Tage mit Übernachtungen vor, sei es nun von Freitagabend bis Sonntagabend oder von Samstagmittag bis Sonntagabend, je nach den Aktivitäten des Kindes an den Samstagvormittagen. Günstig ist es, wenn das Kind sich auf diese Termine einstellen kann und sowohl der Besuchsberechtigte als auch das Kind verbindlich wissen, wann die Besuche stattfinden. Eine völlige Beliebigkeit bei der Besuchsregelung führt in aller Regel zu Unsicherheiten und bringt eher Nachteile mit sich. Bei Säuglingen und Kleinkindern meint »kindgerecht«, dass häufigere, dafür aber kurze Besuche (wöchentlich ein- bis zweimal mit einer Dauer von zwei bis vier Stunden) vereinbart werden sollten, um der Gefahr eine Entfremdung vorzubeugen (Oelkers 2002). Abgewichen werden muss von der 14-Tage-Regel, wenn die Wohnorte der getrennt lebenden Elternteile sehr weit auseinander liegen und weder dem Kind noch dem einen Elternteil zugemutet werden kann, alle 14 Tage diese Distanz zurückzulegen. Es könnte dann z. B. ein solcher Besuchstermin nur alle vier Wochen und dafür ein intensiveres Umgangsrecht in den Ferien vereinbart werden.

Wohnen die Eltern hingegen in unmittelbarer Nähe zueinander, womöglich in der gleichen Straße oder im gleichen Mehrfamilienhaus, können flexiblere und häufigere Besuche vereinbart werden. Dennoch sollten Kleinkinder nicht 3 ½ Tage beim Vater und 3 ½ Tage bei der Mutter wohnen und ihre Betten und Zimmer alle drei Tage wechseln müssen. Ein solches Arrangement wäre nicht mit dem Kindeswohl vereinbar. Eine sehr flexible Besuchsvereinbarung über das normale Maß hinaus wird auch nur dann in der Realität umsetzbar sein, wenn sich die Eltern relativ gut verstehen und miteinander absprechen können oder wenn die Kinder bereits älter und relativ selbstständig sind.

Umgangsprobleme, die bei den Eltern liegen

Je höher das Streitpotenzial beider Elternteile und je niedriger die Kommunikationsbereitschaft, desto problematischer sind in aller Regel Umgangskontakte der Kinder, da sie wie »Wanderer zwischen zwei Welten« vom einen »feindlichen« Lager ins andere pendeln. In Kapitel 3 wurde bereits ausführlicher auf jene Faktoren in der Elternpersönlichkeit eingegangen, die eine gelingende Trennung und Scheidung und damit auch die sich daran anschließenden Umgangskontakte erschweren. Werden die Kinder beispielsweise regelmäßig über den anderen Elternteil ausgefragt oder werden sie als Boten oder Spione missbraucht, werden ihre Loyalitätsprobleme verschärft.

Umgangsberechtigte Elternteile wollen ihren Kindern bei ihren Besuchen im Allgemeinen auch etwas bieten; sie versuchen z. B. die Wochenenden besonders attraktiv zu gestalten, damit das Kind sie auch weiterhin sehen möchte oder sogar attraktiver findet und eventuell zu ihnen überwechseln will. Meist sind es die Väter, die nach einer Trennung als Umgangsberechtigte gezwungen sind, sich intensiver als bislang um eine gute Beziehung zum Kind zu bemühen. Das kann schnell dazu führen, dass sie eher eine verwöhnende Erziehungshaltung einnehmen, viel mehr durchgehen lassen als die Mutter, die den Alltag zu strukturieren hat und eher in Konfliktsituationen wegen Hausaufgaben, Alltagsforderungen etc. geraten kann.

Kommt es so weit, dass der besuchsberechtigte Elternteil in der Vorstellung des Kindes der attraktivere, immer gewährende Elternteil ist, der das Kind großzügig mit Geschenken umwirbt, so wird dies begreiflicherweise auf Seiten des anderen Elternteils zu großer Skepsis und zu einer bewussten oder unbewussten Einschränkung eines solchen Umgangs führen.

Mit großer Regelmäßigkeit wird in problematischen Umgangskonflikten vonseiten eines sorgeberechtigten oder mit dem Aufenthaltbestimmungsrechts betrauten Elternteils argumentiert, man müsse den Wunsch des Kindes respektieren, könne es doch nicht zum anderen Elternteil »prügeln«. Diese Einstellung ist richtig und falsch zugleich: Bei Jugendlichen wird man dem Willen und Wunsch des Kindes entsprechen, auch wenn die Argumente weit hergeholt und wenig nachvollziehbar erscheinen. Je kleiner die betroffenen Kinder, desto besser spüren sie, ob der Umgang mit dem anderen Elternteil nicht nur erlaubt, sondern auch gewünscht und gefördert wird. Die Einstellung »Ich habe nichts dagegen, wenn mein Kind Besuchskontakte mit meiner ehemaligen Frau/meinem ehemaligen Mann hat« reicht nicht aus. Vielmehr müsste dem Kind sowohl mit Worten als auch emotional vermittelt werden, dass z. B. die Mutter seinen Kontakt zum Vater für gut und wichtig erachtet und deshalb auch unterstützt.

Wenn die Mutter über ihren ehemaligen Partner enttäuscht ist, ihm grollt und ihn am liebsten nie wieder sehen möchte, wird sie schwerlich eine Haltung aufbringen, die dem Kind unmissverständlich signalisiert: »Ich möchte, dass du deinen Papa besuchst, weil er für dich ein guter und wichtiger Papa ist.« Viele Kinder sind damit überfordert, diese »kognitive Dissonanz« aufzulösen. Sie denken häufig: »Wenn die Mama den Papa am liebsten gar nicht mehr sehen möchte, dann ist er doch böse, dann hat sie doch Gründe, ihn nicht mehr zu sehen; wenn ich zu ihm gehe und mit ihm eine schöne und gute Zeit verbringe, dann ist es doch ein guter Papa, dann stimmt das doch nicht, was die Mama über den Papa denkt.« Bringt es die Mutter aber z. B. fertig, ihre eigene Enttäuschung und ihre Vorbehalte gegenüber dem Vater zu relativieren – mit der Bemerkung, dass jeder Mensch gute und schlechte Seiten hat, dass die Beziehung zwischen den Eltern im Moment so schlecht ist, dass es wegen der Streitereien und Auseinandersetzungen notwendig war, sich zu trennen, dass aber der Papa ein guter Papa ist und auch weiterhin sein will, genauso wie sie eine gute Mama ist –, dann könnte dieser Spagat für das Kind gelingen.

Wenn Kinder bei Besuchskontakten immer wieder hören, wie schlecht, verwerflich und böse der andere Elternteil sei, wird der Loyalitätskonflikt des Kindes verschärft, und dies führt zwangsläufig beim Kind, das entweder mit Verhaltensauffälligkeiten, mit Lügen, mit Zeichen des Besuchsrechts-Syndroms oder mit Verweigerung reagiert, zu Problemen.

Der 13 Jahre alte Matthias hatte sich nach der Trennung der Eltern zusammen mit seinem zwei Jahre jüngeren Bruder Dominik und dem 6-jährigen Jochen auf die Seite der Mutter geschlagen, die mit einem fast 20 Jahre jüngeren Studenten zusammenlebte. Matthias argumentierte, der Papa habe die Mama immer angeschrien, sie geschlagen, auch vor den Kinder, und die Mama habe ihm immer wieder Chancen gegeben. Er habe den Papa zusammen mit den Brüdern fünfmal besucht. Jedes Mal sei es schlimmer geworden: Der Papa mache die Mama immer fertig, schimpfe auf sie. Vor zwei Tagen habe er angerufen, sei am Telefon zunächst ganz nett gewesen, dann habe er ihn, Matthias, angeschrien und gesagt, er würde lügen wie die Mama. Es werde nicht besser mit dem Papa, sondern immer schlimmer. Deswegen wolle er ihn nicht mehr sehen. Der Papa habe versucht, den Dominik zu »kaufen«, habe ihm gesagt: »Wenn du zu mir kommst, dann kriegst du 50 Euro Taschengeld«. Er, Matthias, würde aber mit seinen Brüdern zusammenbleiben. Der Papa wolle sie auseinander reißen, das schaffe er aber nicht.

Matthias' Vater übersah offenbar, dass er mit seinen Vorwürfen der Mutter gegenüber die Kinder nur noch mehr in deren Arme trieb, dass sie sich wie ein Schutzschild vor die Mutter stellten und sie verteidigten. Offenbar war der Vater in seiner Verzweiflung nicht in der Lage, aus dem Verhalten der Kinder nach jedem Besuch zu lernen und seine verbalen Attacken gegen die Mutter zu unterlassen.

Umgangskontakte werden vom Kind weniger geschätzt, wenn nicht adäquat auf die altersabhängigen kindlichen Bedürfnisse eingegangen wird. Bei und nach einer Trennung entdecken Eltern oftmals, wie wenig intensiv und tragfähig ihre Beziehung zum Kind in der Vergangenheit war und versuchen nun, Versäumtes in den Besuchskontakten auf- und nachzuholen: Getrieben von der Angst, in der Vorstellungswelt des Kindes nicht genügend verankert zu sein, legen solche Eltern einen großen Aktionismus an den Tag, was die gemeinsamen Unternehmungen mit dem Kind anbelangt, und überfordern es damit gelegentlich. Außerdem stößt das Verhalten beim anderen Elternteil auf große Skepsis und den Vorwurf: »Der hat sich nie ums Kind gekümmert, jetzt will er der bessere Elternteil sein, so geht es nicht!« Es versteht sich eigentlich von selbst, dass Eltern den anderen im Rahmen von Umgangskontakten über aktuelle Probleme des Kindes und seinen Gesundheitszustand informieren. Es ist aber nicht korrekt, wenn während eines Besuchs im Rahmen des Umgangs z. B. ein Arztbesuch vorgenommen wird, den der andere Elternteil so nicht billigen würde: Vertritt die Mutter etwa die Auffassung, ihr Kind solle möglichst keine Medikamente einnehmen, sondern immer erst dem Homöopathen vorgestellt werden, und stellt der Vater während des Besuchskontaktes das Kind bei einem Schulmediziner vor, der dem Kind Medikamente verschreibt, wird dies zu ganz erheblichen Konflikten führen und womöglich dazu, dass die Mutter die Besuchskontakte einzuschränken versucht. Obliegt der Mutter das alleinige Sorgerecht für das Kind, müsste der Vater weitestgehend ihre Vorstellungen von medizinisch guter Betreuung für das Kind respektieren, auch wenn sie nicht mit seinen eigenen Vorstellungen übereinstimmen. Bei gemeinsamem Sorgerecht wäre es notwendig, dass die Eltern eine dritte Meinung einholen, um solche Meinungsverschiedenheiten auszuräumen. Transparenz, Verlässlichkeit und Vertrauen sind bei Umgangskontakten als oberste Tugenden der Eltern gefragt. Der Alltag lehrt allerdings, dass insbesondere nach schwierigen Trennungen in den ersten Wochen und Monaten diese Tugenden nicht auszumachen sind und erst langsam auf beiden Seiten entwickelt werden müssen.

Eltern mit Umgangsrecht sollten Kontakte des Kindes mit wichtigen anderen Verwandten fördern, wenn diese im bisherigen Leben des Kindes von besonderer Bedeutung waren: Dies gilt insbesondere für Großeltern und Geschwister. Werden Kinder im Rahmen des Umgangskontaktes z. B. vom Vater bei seinen Eltern ohne Wissen der Mutter, die mit ihrer ehemaligen Schwiegermutter in heftigem Streit liegt, »abgegeben«, so wird diese Situation mit großer Wahrscheinlichkeit dazu führen, dass die Mutter den Umgangskontakt des Kindes mit dem Vater sehr kritisch bewertet. Hat ein Elternteil im Rahmen der Trennungsproblematik mit Suizid oder erweitertem Suizid gedroht, so wird dieser Umstand häufig als Argument benutzt, um den Kindern nur bedingt oder keinen Umgang mit dem entsprechenden Elternteil zu erlauben. Hierbei besteht die Sorge, der ehemalige Partner, der die Trennung noch nicht überwunden hat, könne womöglich »durchdrehen« und Amok laufen.

Umgangsprobleme, die beim Kind liegen

Abhängig vom Alter müssen von jedem Kind Entwicklungsaufgaben bewältigt werden, die durch eine Trennung oder Scheidung erschwert werden. Trennungs- und Scheidungserlebnisse bedeuten für Kinder Krisen, die mit Ambivalenz- und Loyalitätskonflikten verbunden sind. Je jünger ein Kind ist, das von einer solchen Krise betroffen ist, desto häufiger reagiert es mit psychosomatischen Symptomen und Entwicklungsrückschritten. Die Verhaltensauffälligkeiten können als Ausdruck noch nicht gemeisterter Bewältigungsversuche aufgefasst werden.

Aus entwicklungspsychologischer Sicht müssen einige Besonderheiten beachtet werden, die alterstypisch sind und zu Störungsbildern bei Umgangskontakten führen können: Kleinkinder und Kinder zu Beginn des Kindergartenalters (3- oder 4-Jährige) reagieren insbesondere dann mit Besuchsverweigerungen, wenn sie unter Trennungsängsten leiden: Haben Kinder in diesem Alter noch keine sichere und genügend stabile innere Repräsentation (ein inneres Bild) von der elterlichen Bezugsperson aufgebaut, bei der sie überwiegend leben, entwickeln sie zwangsläufig bei einer Trennung von dieser Person Verlustängste, fühlen sich massiv bedroht und reagieren mitunter psychosomatisch. Ist ein Kind z. B. noch nicht genügend stabil an die Mutter gebunden, dann wird die Trennung von ihr durch einen Besuchskontakt des Vaters, der das Kind mitnimmt, das Kind massiv ängstigen. In einem solchen Falle wäre es wünschenswert, wenn die Kontakte des Vaters zum Kleinkind in Anwesenheit der Mutter erfolgten. Erst wenn das Kind eine sichere Bindung zur Mutter aufgebaut hat, kann es sich auch von dieser angstfrei trennen. Es sollte dann aber immer wieder in ausreichend kurzen Abständen zur Mutter zurückgebracht werden. Günstig wirkt es sich in einem solchen Fall auch aus, wenn sich ein Kind bei der Übergabe in Anwesenheit des anderen Elternteils relativ lange an den besuchsberechtigten Elternteil gewöhnen kann (vorausgesetzt, emotionale Spannungen zwischen den Eltern sind gar nicht oder nur minimal vorhanden). Die Präferenz von 4- bis 6-jährigen Kindern für den gegengeschlechtlichen Elternteil im Rahmen der so genannten ersten »ödipalen Phase« ist vorübergehender Natur und sollte von den Eltern nicht überbewertet werden. Kinder im späten Kindergarten- und frühen Schulalter sind noch nicht in der Lage, gegensätzliche Standpunkte in ein übergreifendes Konzept zu integrieren. Sie sind aber durchaus in der Lage, sich in andere einzufühlen und deren Beweggründe zu übernehmen, dies aber nur jeweils in eine Richtung. Auf diesen Sachverhalt hat J. Salzgeber (2001) hingewiesen: Sind die Kinder beim Vater zu Besuch, reden sie nach seinem Munde; sie ergreifen für ihn Partei, wenn sie spüren, was den Vater an der Mutter ärgert. Sind sie dann wieder bei der Mutter, geschieht das Gleiche in umgekehrter Richtung: Der Vater wird vom Kind negativ gezeichnet und es liegen dann die Symptome eines Besuchsrechts-Syndroms vor. Eltern werden hierdurch regelmäßig in ihrer Sichtweise, der jeweils andere Elternteil schade dem Kind, bestätigt und sie können nicht wahrnehmen, dass ihr Kind den Eltern unterschiedliche Geschichten »vorsetzt«.

Bei älteren Schulkindern ab dem 3. und 4. Schuljahr kann es durch die Besuchskontakte vermehrt zu Loyalitätskonflikten und zu Schuldgefühlen kommen, da die Kinder nunmehr aufgrund ihres Alters auch eine moralisierende Haltung im Trennungs- oder Scheidungskonflikt einnehmen. Die Kinder werden häufig von der Sorge umgetrieben, sie könnten z. B. durch einen Besuch im Rahmen der Umgangsregelung die gute Beziehung zum anderen Elternteil und dessen Zuneigung verlieren oder verletzen. In diesem Alter lernt das Kind, seine eigene Beurteilung durch einen Elternteil antizipieren zu können. Das Kind weiß bzw. vermutet, was die Eltern von ihm erwarten. Die Unvereinbarkeit elterlicher Standpunkte bewirkt dann die Auslösung eines Loyalitätskonfliktes. Weitet sich dieser Loyalitätskonflikt erheblich aus, bleiben dem Kind häufig nur zwei Möglichkeiten eines Auswegs: Zum einen kann es als Schutzmechanismus eine totale Parteinahme für einen Elternteil entwickeln – meist für den, bei dem es lebt und von dem es abhängig ist – und spaltet damit die positiven Gefühle zum anderen Elternteil ab, verweigert Umgangskontakte. Dieses Verhalten ist als Schutzmaßnahme in einer äußerst bedrohlichen innerseelischen Situation zu verstehen.

Der 10-jährige Louis stammte aus der zweiten Ehe der Mutter und aus der ersten Ehe des Vaters. Die Trennung der Eltern erfolgte, als Louis 5 Jahre alt war, die Scheidung ein Jahr später. Der Vater erhielt das Sorgerecht, Louis wuchs bei ihm und den Großeltern väterlicherseits auf, war an den Wochenenden aber häufig bei der Mutter. Im Zuge zunehmender finanzieller Auseinandersetzungen der Eltern ging es der Mutter so schlecht, dass sie stationär psychiatrisch behandelt werden musste. In dieser Zeit äußerte Louis, er wolle zur Mutter, »er würde ihr sonst weh tun«. Mehr und mehr geriet er in eine Helfer- und Beschützerfunktion für die Mutter, beschuldigte den Vater und warf ihm vor, er mache die Mama krank und traurig. Mit dem Wechsel aufs Gymnasium kam es auch zu einem vorläufigen Wechsel vom Vater zur Mutter. Kurz vor einer neuerlichen Gerichtsverhandlung brach die Mutter infolge der Belastung, wie sie angab, zusammen. Unmittelbar nach der Gerichtsverhandlung, bei der der Sohn angehört wurde, suchte die Mutter mit dem Sohn den Hausarzt auf, wo Louis »ausflippte«: Er habe geschrien, habe sich trotz zweier Spritzen nicht beruhigen lassen. Er schrie: »Hilfe – den (Vater) erstech ich, den bring ich um!« Louis wurde stationär in die Kinder- und Jugendpsychiatrie eingewiesen. Es stellte sich heraus, dass die Mutter und seine Halbschwester aus der ersten Ehe der Mutter bei sich in der Wohnung zum Schutz einen Schäferhund hielten, den sie auf den Vater abgerichtet hatten: Louis erklärte, der Schäferhund würde dem Vater glatt den Arm abbeißen, sollte er in die Wohnung der Mutter kommen. Er selbst wagte nur mit dem Hund, das Haus zu verlassen.

Louis hielt den Loyalitätskonflikt zwischen beiden Elternteilen nicht mehr aus, hatte sich völlig mit seiner Mutter identifiziert, verhielt sich ähnlich »verrückt« wie diese und geriet wie die Mutter in einen Ausnahmezustand. Zur Begutachtung brachte er ein Stück Pappkarton mit, auf dem ein Kopf sowie der Hals einer Person abgebildet waren. Er erklärte, dies sei der Vater, er habe ihn mehrfach »erstochen«. Bei Louis hatte sich eindeutig eine Parentifizierung eingestellt: Er beschützte die Mutter, passte auf sie auf. Louis hatte seine Kontakte auch zu den Großeltern väterlicherseits abgebrochen, um damit zu verhindern, dass er wie früher emotionale Wechselbäder erlitt. Seine Parteinahme für die Mutter und sein Hass auf den Vater zeigten ein solches Ausmaß, dass er psychotherapeutische Hilfe benötigte.

Wenn dieser Weg der totalen Parteinahme dem Kind als Schutzmechanismus nicht mehr offen steht, kommt es nicht selten zu einem selbstschädigenden Verhalten, sodass das Kind sich selbst gleichsam auf dem »Altar« der Ehekrise opfert – in der Hoffnung, die Eltern würden sich an seinem Krankenbett bzw. angesichts seiner Not wiedervereinigen. Hinzu kommt in diesem Alter der Vorpubertät eine ausgeprägte moralisierende Einstellung vieler Kinder, die sich gar zu gern die Argumente des Elternteils, bei dem sie wohnen, zu Eigen machen, um damit ihren eingenommenen Standpunkt zu rechtfertigen. Kinder fragen dann vermehrt, wer am Auseinanderbrechen der Ehe schuld war bzw. wer nunmehr schuld ist, dass die Nachscheidungsfamilie nicht zur Ruhe kommt.

In der Pubertät und im jugendlichen Alter kann eine solch moralisierende Einstellung des Kindes zu den o. g. Umgangsproblemen bzw. Verweigerungen führen oder diese forcieren. In diesem Alter werden Kinder auch häufig mit den finanziellen Problemen, die Trennung und Scheidung mit sich bringen, konfrontiert. Darüber hinaus werden sie über die Schriftsätze der Rechtsvertreter der Parteien informiert. In aller Regel führt dies nicht zu einem verbesserten Umgang. Im Gegenteil, vielmehr werden Schuldzuweisungen und Abgrenzungen hierdurch verstärkt. Werden beispielsweise Unterhaltszahlungen verweigert, kann dies bei den Kindern und Jugendlichen in diesem Alter zu erheblichen Kränkungen des Selbstwertgefühls führen und eine negative Einstellung diesem Elternteil gegenüber zur Folge haben.

In der »Hochpubertät« und frühen Adoleszenz kann die Loslösung vom Elternteil, bei dem das Kind schwerpunktmäßig wohnt, dazu führen, dass der andere Elternteil nunmehr scheinbar völlig überraschend idealisiert wird und der betreffende Jugendliche vermehrt den Kontakt wiederaufnehmen möchte – bei gleichzeitiger Abwertung des anderen Elternteils. Dies führt dann häufig zum Vorwurf, der Jugendliche sei undankbar und ungerecht, um ihn davon abzuhalten, »Fahnenflucht« zu begehen bzw. zum »Überläufer« zu werden. Solche Umkehrungen bisheriger Beziehungsbündnisse kommen bei älteren Jugendlichen in Zusammenhang mit der Trennungssituation gar nicht so selten vor. In der Hochpubertät, der zweiten ödipalen Phase, kommt es des Weiteren – aufgrund der normalen Entwicklung – zu einer stärkeren Orientierung hin auf den gegengeschlechtlichen bei gleichzeitiger Distanzierung vom gleichgeschlechtlichen Elternteil. Auch diese Phase ist nur vorübergehend und sollte nicht, wie häufig geschehen, als Ausdruck eines PAS-Syndroms aufgefasst werden.

Bei vorpubertierenden Kindern und Jugendlichen kommt den Beziehungen zu Gleichaltrigen, den Peers, immer größere Bedeutung zu: So kann es sein, dass den Kindern an den Wochenenden die gemeinsame Aktivität mit Freunden oder mit Kameraden in einem Sportverein wichtiger ist als der festgelegte Besuchstermin mit dem umgangsberechtigten Elternteil. Diesem entwicklungsbedingten vermehrten Kontakt mit Gleichaltrigen ist Rechnung zu tragen.

Das Alter der Kinder und die Entfernung der Wohnsitze beider Eltern

Es wurde bereits angedeutet, dass dem Alter und der Entwicklung des Kindes bei der Umgangsregelung Rechnung getragen werden muss. Unstrittig ist eine relativ kurze Besuchszeit des Vaters, wenn der Säugling oder das Kleinkind von der Mutter noch gestillt wird. Gleichwohl ist es nicht alleine aufgrund des Alters möglich, einen »Fahrplan« aufzustellen, wie viele Stunden Trennung ein Kind von der primären Bezugsperson verträgt; denn es ist auch von entscheidender Bedeutung, wie stark ein Kind an die primäre Bezugsperson, sei es Vater oder Mutter (meist wird es die Mutter sein), gebunden ist. Davon abhängig muss die Dauer der Umgangskontakte individuell vereinbart werden.

Für ein Kind im Kindergarten- und Schulalter wäre es optimal, wenn die getrennt lebenden Eltern nahe beieinander wohnten und es womöglich selbstständig von der Wohnung der Mutter zur Wohnung des Vaters gelangen könnte. In den seltensten Fällen ist es aber für das Kind günstig, wenn es die Elternteile gleich häufig besucht. Als Faustregel gilt: Je kleiner das Kind, desto wichtiger ist es, wenn es überwiegend bei einem Elternteil schläft, weil die Zu-Bett-Geh-Situation für Kleinkinder mit Trennungsängsten verbunden ist, die durch gleich bleibende ritualisierte Handlungen (gemeinsames Gebet, Gute-Nacht-Geschichte etc.) entschärft werden können.

Je weiter die Wohnsitze der Eltern voneinander entfernt sind, desto problematischer gestaltet sich die Umgangsregelung, weil dem Kind lang andauernde Fahrzeiten mit dem PKW oder dem Zug nicht zugemutet werden können. Es stellt sich dann die Frage, ob nicht der Besuchsberechtigte das Kind besser vor Ort aufsucht und mit ihm Ausflüge in die nähere Umgebung unternimmt. Längere Fahrstrecken sind dann zu rechtfertigen, wenn die betreffenden Besuche seltener vorkommen, d. h. nur alle 14 Tage. Ist die Entfernung besonders groß, können Umgangskontakte nur selten stattfinden und man wird gezwungen sein, auf Ferienbesuchskontakte auszuweichen. Der Gesetzgeber hat den Besuchsberechtigten auferlegt, das Kind für den Besuch zu holen bzw. sich an den Ort zu begeben, wo sich das Kind befindet: Der Besuchsberechtigte hat also eine »Hol-Schuld«, derjenige, bei dem das Kind schwerpunktmäßig wohnt, eine »Bring-Pflicht«. Dies kann im Einzelfall aufgrund der finanziellen Lage dazu führen, dass die Umgangskontakte nur ganz selten möglich sind. Ein älteres Kind wird eine solche Situation schon verstehen und nachvollziehen können, ein jüngeres hingegen weniger.

Probleme beim Abholen und Wiederbringen

Im günstigsten Fall verstehen sich Vater und Mutter gut, und die »Übergabe« läuft in einer emotional guten Stimmung ab. Dies ist kurz nach einem Trennungsgeschehen meist nur selten der Fall, da die psychischen Verletzungen und Wunden beider Parteien noch nicht verheilt sind und beim Zusammentreffen wieder aufreißen können. Die Eltern sollten aber wissen, dass sie ein falsches Signal geben, wenn die Kinder vor dem Haus »abgestellt« und vom Besuchsberechtigten dort abgeholt werden. Die Kinder werden dann zwangsläufig das Gefühl entwickeln, der besuchende Elternteil sei so gefährlich und böse, dass sie ihm am liebsten nicht unter die Augen treten würden. Es sollte deshalb seitens der Eltern alles daran gesetzt werden, dass die Übergabe persönlich erfolgt. Die Eltern brauchen sich dabei nicht herzlich zu begrüßen und etwas vorzutäuschen, was nicht ist; sie sollten aber in der Lage sein, vor dem Kind sachliche Absprachen zu treffen und Informationen auszutauschen. Besonders wenn Kinder Trennungsängste haben und signalisieren, dass sie den Besuchsberechtigten nicht sehen wollen, erweist es sich als günstig, wenn die Übergabe bei einem längeren Kontakt zwischen beiden Elternteilen stattfindet, sei es in der vertrauten Wohnung, sei es an einem neutralen Ort (Spielplatz oder Café). Diese Lösung bietet sich an, wenn die Eltern miteinander gut auskommen und das Kind noch unter Trennungsängsten leidet. Übergaben können aber auch in Anwesenheit von vertrauten Drittpersonen stattfinden, z. B. von Großeltern oder Paten. Angst wird für manche Kinder auch abgebaut, wenn ein Haustier beim Umgang mit dabei ist, z. B. der geliebte Hund, den alle Betroffenen kennen und der vor der Trennung wie ein Geschwisterkind mit zum Haushalt gehörte. Dass Kleinkinder bei der Trennung von der Hauptbezugsperson ihren Teddybär oder ihr Stoffschaf mitnehmen – als ein »Übergangsobjekt« –, ist normal und kann ebenfalls für das Kind eine stabilisierende Bedeutung haben. Kinder müssen informiert werden, wann sie wieder vom besuchenden Elternteil zurückgebracht werden, und sie sollten diese Information auch in Gegenwart beider Elternteile erhalten, sodass sie sicher sein können, dass beide Eltern mit der Dauer des Kontakts einverstanden sind.

Werden vereinbarte Besuchstermine kurzfristig abgesagt oder fallen sie unentschuldigt aus, bedeutet dies für die Kinder meist eine Enttäuschung, da sie daraus schließen, dass sie nicht wichtig und andere Dinge für den Besuchsberechtigten bedeutsamer sind. Kommt dies häufig vor, stellt sich beim Kind das Gefühl ein, dass dem Besuchenden nicht viel an ihm liegt. Es wird sich womöglich als Reaktion darauf weigern, den Besucher zu sehen, um deutlich zu machen, dass es von diesem nicht abhängig ist. Nur so kann es seine Traurigkeit und Wut verarbeiten.

Eltern sollten vermeiden, dem Kind in Bezug auf Besuchstermine Doppelbotschaften zu vermitteln: Wenn z. B. gleichzeitig mitgeteilt wird, dass am kommenden Wochenende das Besuchswochenende vom Papa sei, die Mama am selben Wochenende aber mit ihrer Freundin und deren Tochter in den Zoo geht, ist es nicht verwunderlich, wenn das Kind womöglich den Umgang mit dem Vater weniger attraktiv findet und den Besuch ablehnt.

Genauso wichtig wie das pünktliche Abholen ist das pünktliche Wiederbringen eines Kindes nach einem Besuchstermin. Der Zeitpunkt der »Übergabe« sollte allerdings nicht mit der Stoppuhr gemessen werden. Die Verlockung des Besuchsberechtigten, den Besuch zeitlich auszudehnen, ist dann groß, wenn man gemeinsam mit dem Kind eine wunderschöne Zeit verbringt und das Kind von sich aus signalisiert, dass es z. B. noch länger auf dem Grillplatz bleiben oder mit der Oma noch eine Bootsfahrt machen möchte. Hier ist den Eltern zu empfehlen, sich grundsätzlich an getroffenen Absprachen zu halten, um die Verlässlichkeit einer Vereinbarung unter Beweis zu stellen. Eine Abweichung von der Vereinbarung sollte in telefonischer Absprache erfolgen und nicht post festum mitgeteilt werden. Eine vor dem Kind getroffene Abmachung zwischen beiden Elternteilen auf dessen Wunsch über Bord zu werfen, würde bedeuten, dass man dem Kind die Entscheidung über die Kontakte – ob sie überhaupt stattfinden und wie lange sie stattfinden – anheim stellt. Dies wird bei einem Kind umso eher Omnipotenzgefühle wecken, je jünger es ist, und kann zu der Vorstellung führen, dass es mit seinem Willen die Erwachsenen manipulieren kann. Die Vorstellung, sich ganz nach dem Kind zu richten, nach seinen Wünschen in Bezug auf den Umgang, übersieht, dass Kinder dadurch in eine sie überfordernde Situation gebracht werden, da sie vorgeben, stets zu wissen, was für sie richtig und falsch ist. Die Eltern sollten auch begreifen, dass das Kind, das heute positiv zum einen Elternteil eingestellt ist, morgen dann gegen diesen Elternteil und für den anderen »votiert«. In diesem Zusammenhang sei nochmals auf das so genannte Besuchsrechts-Syndrom hingewiesen; für dieses sind sichtliches Unwohlsein, Sich-Sperren oder psychosomatische Beschwerden kurz vor dem anstehenden Besuchstermin und darüber hinaus, beim Wiederbringen, charakteristisch sowie ein auffälliges Verhalten bei der Übergabe und in den ersten Stunden danach. Hat z. B. ein 5-jähriges Kind in der Nacht vor dem Besuchstermin wieder eingenässt und der Mutter mitgeteilt, es wolle nicht zum Papa, stellt sich die Situation beim Abholen und Wiederbringen aus der Sicht der Mutter wie folgt dar: Das Kind ist missgelaunt, muffig und signalisiert beim Erscheinen des Vaters, dass es keine große Lust hat, ihn zu sehen. Nur widerwillig geht es mit dem Vater mit. Wenn es von diesem zurückgebracht wird, verabschiedet es sich nicht vom Vater, geht vielleicht auch nicht auf die Mutter zu, sondern verschwindet schnell in seinem Zimmer und weint. Aus der Sicht des besuchsberechtigten Vaters bietet sich ein völlig anderes Bild: Er nimmt ebenfalls wahr, dass das Kind zunächst nicht freudig mit ihm geht. Befindet er sich dann aber außerhalb der Sichtweite der Mutter, erscheint das Kind wie »umgedreht«, es scheint keinerlei Probleme mit ihm zu haben, fühlt sich bei ihm wohl und signalisiert, dass es gar nicht mehr zum vereinbarten Termin zurück will. Es wird vielmehr ganz traurig, wenn es sich von der Großmutter väterlicherseits verabschieden muss und mit dem Papa ins Auto steigt. Noch im Auto vor der Übergabe verabschiedet es sich liebevoll vom Vater. Nachdem Vater und Kind bei der Mutter angelangt sind, stürmt das Kind an der Mutter vorbei in sein Zimmer, ohne nochmals zum Vater zurückzuschauen. Aus seiner Sicht hat das Kind damit der Mutter signalisiert, dass es diese nicht mag. Für beide Elternteile, die miteinander erheblich zerstritten sind, ist das Verhalten des Kindes jeweils Beweis dafür, dass das Kind den anderen Elternteil nicht mag. Hat sich ein solches Besuchsrechts-Syndrom herausgebildet, müssen die Eltern durch Dritte beraten werden, um zu erkennen, dass nicht nur sie, sondern auch der andere Recht hat und sich berechtigt Sorgen macht. Das Besuchsrechts-Syndrom verschwindet meist wieder, wenn das Kind emotional erfährt, dass sich die Eltern wieder besser verstehen, dass es nicht in zwei extrem polarisierten »Welten« lebt. Ist ein solches Aufeinanderzugehen vonseiten der Eltern nicht möglich und gelingt es nicht, die Übergänge durch Begleitpersonen für das Kind weniger angstbesetzt zu organisieren, muss im Sinne einer Entlastung des Kindes notfalls auch der Umgang vorübergehend in seiner Frequenz vermindert werden.

Begleiteter, betreuter Umgang durch und mit Drittpersonen

Bei einem Besuchsrechts-Syndrom bewirkt ein begleiteter Umgang bei der Übergabe bereits eine deutliche Entschärfung der Situation. Ein begleiteter Umgang für den gesamten anstehenden Umgangskontakt kann bei folgenden Problemlagen notwendig werden und verhindern, dass das Kind die Beziehung zum Besuchsrechtsinhaber verliert:

- bei substanziellen Hinweisen auf einen Drogen- oder Alkoholmissbrauch des Besuchsberechtigten,
- bei Verdacht auf sexuellen Missbrauch, der abgeklärt werden muss,
- bei psychischer Erkrankung des Besuchsberechtigten, die dazu

führen kann, dass das Kindeswohl gefährdet ist. Dies ist z. B. der Fall, wenn eine gravierende psychische Erkrankung vorliegt, wie schwere Depression und Suizidtendenzen, eine akute psychotische Krise mit Wahnsymptomatik und Halluzinationen,
- bei der Gefahr einer Kindesentführung,
- bei nachgewiesenen, immer wieder vorkommenden Befragungen des Kindes durch den Besuchsberechtigten und
- bei wiederholten Abwertungen und Verunglimpfungen verbaler Art vor dem Kind.

Ein begleiteter Umgang wird in der Regel vom Jugendamt oder vom Kinderschutzbund durch ehrenamtliche Mitarbeiter unterstützt. Dies hat den Nachteil, dass die Begleitpersonen für die Kinder zunächst Fremde sind. In einem laufenden Gerichtsverfahren zur Umgangsregelung, das sich über längere Zeit hinzieht, kann auch ein bestellter Verfahrenspfleger den betreuten Umgang begleiten. Für das Kind erweist es sich als besonders vorteilhaft, wenn die Begleitperson eine vertraute Bezugsperson ist, die es bereits seit längerem kennt, wie z. B. eine Patentante, ein Onkel, Großeltern oder ein älteres Geschwister (auch Stiefgeschwister). Bei vorpubertierenden Kindern kommt aber auch ein Freund oder eine Freundin in Betracht, die »als Geleitschutz« fungieren. In solchen Fällen ist jedoch das Einverständnis der Eltern bzw. Sorgeberechtigten der Freundin oder des Freundes vonnöten. Bei begleitetem Umgang durch Jugendamtsmitarbeiter oder Mitarbeiter des Kinderschutzbundes werden die betreffenden Personen von diesen Institutionen benannt; in der Regel kann weder das Kind noch der Besuchsberechtigte hierauf großen Einfluss nehmen. Anders verhält es sich bei den Begleitpersonen aus dem Verwandten- oder Bekanntenkreis, die das Kind als Vertrauenspersonen ansieht. Ferner ist es von Bedeutung, inwieweit beide Elternteile mit dieser begleitenden Person einverstanden sind; gerät sie doch schnell in den Verdacht, allzu sehr für eine der beiden Seiten Partei zu ergreifen. Bei Verdacht auf sexuellen Missbrauch müssen Wochenenden nicht tabu sein, wenn die Begleitperson mit übernachtet (es sind dies dann in aller Regel Patentanten oder Patenonkel, zu denen Vater und Mutter noch eine gute Beziehung haben).

Die 4-jährige Anja lebt seit einem Jahr in einem Heim: Das Kind war der Mutter per Gerichtsbeschluss weggenommen worden, da sie es von der Umwelt völlig abgeschirmt hatte und Anja so gut wie keinen anderen Umgang als die Mutter haben durfte. Das Jugendamt und die eingeschalteten Kinderärzte hatten bei Anja eine schwere psychosoziale Entwicklungsstörung mit einer symbiotischen Mutter-Kind-Beziehung festgestellt. Damals war der Mutter der Umgang mit dem Kind untersagt worden. Beim ersten Kontakt zwischen Mutter und Kind – nach vielen Monaten der Trennung – in Form eines begleiteten Umgangs beim Kinderschutzbund wurde Anja von einer Erzieherin des Heims, einer wichtigen Bezugsperson von ihr, begleitet. Auf dem Weg zur Mutter erbrach sich Anja, desgleichen auf dem Weg zurück. Anja wollte auf den Arm der Erzieherin, als sie in den Räumen des Kinderschutzbundes die Mutter sah. Entgegen der Abmachung wollte nun die Mutter, dass die Erzieherin den Raum verlässt. Anja schrie sofort und klammerte sich an der Erzieherin fest. Diese schwierige Situation kommentierte die Erzieherin mit den Worten: »Ich stehe jetzt zwischen Ihnen und dem Kind«. Immer noch hatte sich Anja angeklammert und sich dann auf den Schoß der Erzieherin gesetzt, die Augen aber geschlossen. Die Mutter wollte dann gehen, weil sie, wie sie sagte, die Situation nicht mehr habe aushalten wollen bzw. können, blieb dann aber doch und versuchte, auf die Tochter einzugehen. Die Mutter und die Erzieherin kamen dann auf die Idee, gemeinsam mit Anja Schwäne zu füttern. Die Erzieherin ging kurz zurück zu ihrem Auto, um für die Schwäne Brot zu holen. In dieser Zeit blieb Anja bei der Mutter. Ein Schwan schnappte nach dem Kind, das sich dann aber durch die Mutter trösten und auf den Arm nehmen ließ. Als die Erzieherin wiederkam, wechselte das Kind von der Mutter auf den Arm der Erzieherin. Beim zweiten Umgangstermin, 14 Tage später, erbrach sich Anja nicht mehr. Die Mutter war ihr nunmehr wieder vertrauter und sie zeigte weniger Angstreaktionen.

Bei einem dritten Umgangskontakt nach weiteren 14 Tagen konnte das Kind kurz mit der Mutter alleine sein, ohne sich zu ängstigen. Die Mutter hatte ihrerseits ihre Angst und Sorge in Bezug auf die Betreuungspersonen der Tochter deutlich reduziert.

Dieses Beispiel verdeutlicht, inwieweit begleitete Umgangskontakte zu einer Wiederannäherung zwischen einem Elternteil und dem Kind führen können.

Bei betreuten Umgangskontakten stellt sich stets die Frage, wie dem betreffenden Kind der Grund für die Betreuung erklärt wird. Wenn das Kind sich vor dem Umgang ängstigt und deshalb zu seinem »Schutz« selbst eine Betreuungsperson vorschlägt, ist dies kein Problem. Kommt aber der Verdacht eines sexuellen Missbrauchs auf, der noch nicht geklärt werden konnte, so muss dem Kind, wenn eine Begleitung durch den Kinderschutzbund oder das Jugendamt erfolgt, seinem Alter und seinem Reifegrad entsprechend eine plausible Erklärung gegeben werden. Die Information über den Sinn der Begleitung sollte am besten derjenige Elternteil vornehmen, bei dem das Kind überwiegend wohnt. Alle Verfahrensbeteiligten sollten aber Kenntnis davon haben, wie das Kind informiert wurde. Dies ist auch wichtig für den besuchsberechtigten Elternteil, um mit entsprechenden Nachfragen des Kindes gut umgehen zu können. Ein begleiteter Umgang muss zeitlich immer befristet sein und muss, wenn er verlängert wird, erneut begründet werden. Dies ist Aufgabe des Familiengerichts, das den betreuten Umgang anordnet.

Vorübergehende Aussetzung des Umgangs: Gefahren und Notwendigkeiten

Vom Gesetzgeber wird in § 1684 (Umgangsrecht von Kind und Eltern) Absatz 1 festgestellt: »Das Kind hat das Recht auf Umgang mit jedem Elternteil; jeder Elternteil ist zum Umgang mit dem Kind verpflichtet und berechtigt.« Im gleichen Paragrafen wird in Absatz 4 Satz 1 und 2 aber Folgendes ausgeführt: »Das Familiengericht kann das Umgangsrecht oder den Vollzug früherer Entscheidungen über das Umgangsrecht einschränken oder ausschließen, soweit dies zum Wohl des Kindes erforderlich ist. Eine Entscheidung, die das Umgangsrecht oder seinen Vollzug für längere Zeit oder auf Dauer einschränkt oder ausschließt, kann nur ergehen, wenn andernfalls das Wohl des Kindes gefährdet wäre.«

Aus entwicklungspsychologischer Sicht wird der Umgang des Kindes nach Trennung und Scheidung mit dem nicht-sorgeberechtigten Elternteil für sinnvoll und notwendig erachtet. Dabei ist eine differenzierte Betrachtung notwendig. Zur Beantwortung der Frage, welche Bedeutung dieser Kontakt für die psychische Entwicklung eines Kindes hat, wird entscheidend sein, ob, wie lange und in welcher Intensität eine Lebensgemeinschaft bestanden hat und wie es zur Trennung oder Kommunikationsunterbrechung gekommen ist. Aus psychologischer Sicht gewährleistet das Umgangsrecht zum einen die Aufrechterhaltung der Beziehung zwischen dem Kind und einer wichtigen Bezugsperson. Trennen sich beispielsweise Eltern, die mehrere Jahre mit ihrem Kind zusammengelebt haben, so besteht für das Kind die dringende Notwendigkeit eines Umgangs mit dem nicht-sorgeberechtigten Elternteil, um die potenziell traumatisierende Trennungserfahrung abzumildern und/oder sich mit ihr auseinander zu setzen. Zum anderen wird es für richtig erachtet, »die eigenen Wurzeln« zu kennen, sich in eine Folge von Generationen eingefügt zu wissen. Dies gewinnt insbesondere in der Pubertät und Adoleszenz an Bedeutung. So wird auch aufgrund von klinischen Erfahrungen heute empfohlen, die Kinder möglichst frühzeitig über die leiblichen Eltern aufzuklären. Ein wissenschaftlicher Meinungswandel zeigt sich am deutlichsten bei Adoptionsfragen; die »offene Adoption« (man weiß, wer die leibliche Mutter und wer der leibliche Vater ist) hat die früher praktizierte »Inkognito-Adoption« zumindest in der Theorie abgelöst. Unverarbeitete Konflikte und feindliche Gefühle einer Paar-Beziehung belasten das Kind und können dazu führen, dass es in ein Spannungsfeld krankhafter zwischenmenschlicher Beziehungen gerät, die das Kindeswohl gefährden. In Satz 2 von § 1684 BGB heißt es: »Die Eltern haben alles zu unterlassen, was das Verhältnis des Kindes zum jeweils anderen Elternteil beeinträchtigt und die Erziehung erschwert«. Bei hochstrittigen Umgangsrechtsverfahren sind aus psychologischer und kinderpsychiatrischer Sicht stets zwei Aspekte gegeneinander abzuwägen: einerseits die Erfordernis, dem Kind die

Beziehung zum nicht-sorgeberechtigten Elternteil zu ermöglichen oder sie anzubahnen; andererseits das Schutzbedürfnis des Kindes gegenüber einer Traumatisierung durch häufig wiederkehrende negative Erlebnisse, die dadurch bedingt sind, dass das Kind dem elterlichen Konfliktfeld ausgesetzt wird. Es wurde bereits darauf hingewiesen, dass inadäquate elterliche Verhaltensweisen und »Bewältigungsstrategien« der elterlichen Trennungskonflikte zur Induktion von Schuldgefühlen, zum Aufbau von Verlust- und Trennungsängsten bei Suizidandrohungen sowie zur Parentifizierung und zum Funktionalisieren der Kinder (Bote, Spion etc.) führen. In Anlehnung an die Definition des narzisstischen Missbrauchs von Reimer (1990) wurde der emotional-psychische Kindesmissbrauch in Trennungs- und Scheidungsfamilien wie folgt definiert: »Unter psychisch-emotionalem Missbrauch in Trennungs- und Scheidungsfamilien sind alle Interaktionen und Beziehungskonstellationen zwischen einem Elternteil und dem Kind zu verstehen, die primär dem Wunsch des betreffenden Elternteils nach egoistischer und narzisstischer Gratifikation dienen und die die gesunde Entwicklung des Kindes verhindern bzw. zumindest erheblich erschweren« (Klosinski 1997a).

Eine Analyse eigener Gutachten zur gerichtlichen Fragestellung, ob ein Umgangsrecht ausgeschlossen werden muss, ergab für all jene Fälle, in denen dies bejaht werden musste, folgende Gründe:

Gründe, die bei den Eltern liegen:

- Spannungen zwischen den Eltern und deren Familien (22 %)
- Verstoß gegen die Wohlverhaltensklausel (11,9 %)
- Vernachlässigung, Misshandlung und sexueller Missbrauch eines Kindes (11 %)
- Interesselosigkeit des Besuchsberechtigten (8,2 %)
- Erkrankung des Umgangsberechtigten (3,7 %)

Gründe, die beim Kind liegen:

- Entgegenstehender Wille des Kindes (21, 1 %)
- Integration des Kindes in eine neue Familie (10,1 %)
- Entwicklungsstörung, bedingt durch den Umgang (7,3 %)
- Alter des Kindes über 14 Jahre (6,4 %)

Damit waren 55 % der Gründe, die die Gutachter für einen Ausschluss vorbrachten, solche, die bei den Eltern lagen, und 45 % solche, die sich vom Kind her ableiten ließen (Karle & Klosinski 1996). Zu ähnlichen Ergebnissen kam man, wenn man die Einschränkungen der Besuchskontakte, die empfohlen wurden, analysierte. Auch hier waren es Spannungen zwischen den Eltern und deren Familien, Verstöße gegen die Wohlverhaltensklausel, Interesselosigkeit sowie Erkrankungen des Umgangsberechtigten und sexueller Missbrauch, die im Wesentlichen zur Einschränkung führten. Der entgegenstehende Wille des Kindes spielte hingegen keine solche Rolle wie beim Ausschluss des Umgangs. In zwei Drittel aller Fälle, in denen das Umgangsrecht eingeschränkt wurde, wurde ein betreuter Umgang empfohlen (Karle & Klosinski 1999).

Wenn es zu einem totalen Ausschluss des Umgangs kommt, bedeutet dies in den allermeisten Fällen, dass der Ausschluss für lange Zeit erfolgt, obwohl er vom Familiengericht immer wieder zeitlich begrenzt werden muss. Gerichte akzeptieren bei Jugendlichen ab dem 14. Lebensjahr, wenn sie keinen Umgang mehr haben möchten: Ein Jugendlicher in diesem Alter wird nicht mehr zum Umgang mit dem nicht-sorgeberechtigten Elternteil gezwungen.

Nach einer Retrospektivstudie zu 172 Begutachtungen zur Umgangsregelung in den Jahren zwischen 1991 bis 1994 wurde von den Sachverständigen bei 39 Familien (23 %) ein Ausschluss des Umgangsrechts empfohlen. Laut einer Nachbefragung dieser Familien knapp 5 Jahre später kam in 90 % der Fälle für die Kinder kein Umgang mehr zustande. Dieses Ergebnis ist sehr ernüchternd und stimmt nachdenklich: In der Regel wird also durch eine – wenn auch zeitlich befristete – Empfehlung, den Umgang des nicht-sorgeberechtigten Elternteils auszuschließen, der Status quo verfestigt.

Es erweist sich also u. U. für den umgangsberechtigten Elternteil als günstiger, sein Umgangsrecht ruhen zu lassen, wenn die Gründe für einen möglichen Ausschluss am Widerstand des Kindes liegen. Dem Kind wird dadurch signalisiert, dass aus der Sicht des Gerichts ein Umgang eigentlich sinnvoll wäre, dass man ihn aber nicht gegen den Willen des Kindes erzwingen will. Außerdem wird in diesen Fällen der Besuchsberechtigte, der leer ausgeht, nicht von »Amts wegen abqualifiziert« und es besteht eine größere Chance, dass zu einem späteren Zeitpunkt doch wieder Kontakt aufgenommen wird, wenn sich das Kind z. B. im jugendlichen Alter befindet und an seinen »eigenen Wurzeln« wieder mehr interessiert ist.

Kai, 14 Jahre, Götz, 12 Jahre, und Anka, 8 Jahre, lebten nach der Trennung ihrer Eltern, die drei Jahre zurücklag, bei ihrer Mutter, die inzwischen mit einem ehemaligen Mitarbeiter ihres Mannes verheiratet war und mit diesem ein gemeinsames Kind hatte. Der leibliche Vater der Kinder hatte nach der Trennung von Dritten von der Schwangerschaft seiner damaligen »Noch-Ehefrau« erfahren und war so schockiert, dass er in Anwesenheit der Kinder der Kindesmutter drohte, sie umzubringen. Nach wenigen Monaten schlief der Kontakt zwischen dem Vater und seinen beiden Söhnen ein, während die Tochter den Kontakt noch aufrechterhielt. Kai und Götz waren eifersüchtig auf Anka, die der »Augapfel« des Vaters war und stets große Geschenke von diesem erhielt, im Gegensatz zu den Brüdern. Nachdem die Mutter den Namen ihres zweiten Mannes angenommen hatte und Anka zum Stiefvater »Papa« sagte, wollte sie auch, wie ihre Brüder, den Kontakt zum Vater einstellen. Daraufhin versuchte der leibliche Vater über das Gericht ein Umgangsrecht zu erzwingen. Es erging der Auftrag zu einem Gutachten, um zu klären, ob ein Umgang des Vaters mit den Kindern deren Wohl gefährde, wie die Mutter mutmaßte. Der 14-Jährige brachte vor, er und sein Bruder hätten sich vom Vater wegen dessen Zuwendung zur Schwester vernachlässigt gefühlt. Neben den Morddrohungen der Mutter gegenüber habe der Vater die Mutter auch schlecht gemacht. So hätte Kai von einem Klassenkameraden erfahren, die Mutter sei eine Hure, würde jede Nacht mit einem anderen verbringen. Dieses Gerede stamme vom leiblichen Vater. Bei der gutachterlichen Begegnung zwischen dem Vater und seinen drei Kindern machten alle drei deutlich, dass sie den Umgang ablehnten. Im Gegensatz zu ihren Brüdern konnte Anka aber intensiven Blickkontakt zum Vater aufnehmen und sich auch in einem Spiel auf den Vater sehr viel besser einlassen als die Brüder. Verbal äußerten alle drei Kinder, der Vater solle sie in Ruhe lassen, solle die neue Verbindung zwischen der Mutter und dem Stiefvater nicht stören. Sie argumentierten, sie hätten jetzt einen neuen Vater, brauchten den alten nicht mehr.

Im vorliegenden Fall wurde von sachverständiger Seite aus empfohlen, der Vater solle sein Umgangsrecht in Bezug auf seine zwei Söhne ruhen lassen. Bei Anka sollte nochmals ein Versuch eines begleiteten Umgangs unternommen werden, da die Diskrepanz zwischen dem, was das Kind verbal äußerte, und dem, was es in seinem Verhalten dem Vater gegenüber in Mimik und Gestik ausdrückte, erheblich war. Kai störte insbesondere, dass der Vater die Ansicht vertrat, der älteste Sohn würde die beiden Jüngeren unterdrücken, er sei gleichsam der Boss und bestimme über die anderen. Kai argumentierte, der Vater solle ihn in Ruhe lassen. Er wolle von sich aus, wenn er es wolle, auf den Vater zukommen. Götz argumentierte ähnlich wie sein älterer Bruder und meinte: »Der Vater soll mich und die anderen in Ruhe lassen, damit wir glücklich werden in unserer Familie mit dem Stiefvater!« Götz hatte Sorge, ähnlich wie die Mutter, dass der leibliche Vater die neue Familie der Mutter zerstören wolle. Auch er hatte noch deutlich verinnerlicht, dass die Mutter vom Vater Morddrohungen erhalten hatte. Ein Ruhen des Umgangsrechts für die beiden älteren Kinder konnte diesen deutlich machen, dass der Vater nicht in seiner Qualifikation als leiblicher Vater gestraft wurde, ihm nicht »von Amts wegen« die Qualifikation, ein potenziell guter Vater zu sein, aberkannt wurde.

Ausnahmesituationen ergeben sich auch dann, wenn sich beispielsweise der sorgeberechtigte Vater wegen einer kriminellen Handlung in Haft befindet (z. B. wegen Pädophilie) und Umgang mit seinem Sohn einklagt, der noch im Kindergartenalter ist. Ein Umgang kann dann nur im Gefängnis stattfinden und es muss dem Kind, falls noch nicht geschehen, in irgendeiner Weise erklärt werden, warum der Vater im Gefängnis ist. Dies stellt für die Mütter nicht selten eine Überforderung dar. Im Einzelfall kann es aber dennoch mit Blick auf das Kindeswohl angebracht sein, dem Umgang stattzugeben. Wegen der Ängste der Kinder ist in solchen Extremfällen ein begleitender Umgang oftmals die »ultima ratio«, da es die Mütter ablehnen, ihren ehemaligen Partner im Maßregelvollzug oder in der Untersuchungshaft mit dem Kind zu besuchen. Kommt ein Umgang überhaupt zustande, handelt es sich in solchen Fällen meist um einen eingeschränkten Umgang (auch was die Dauer der Kontakte anbelangt).

6 Spezielle Probleme

Kommt es in Familien mit mehreren Kindern zur Trennung und Scheidung, stellt sich stets die Frage, ob die Geschwister beieinander bleiben sollen oder ob eine Aufteilung deren Wohl mehr entspricht. Dies mag bei zwei Kindern noch einfach erscheinen, wird aber insbesondere bei drei oder mehr Kindern zum Problem, wenn ein einziges Kind bei einem Elternteil lebt und alle anderen beim anderen. Würde das verbleibende Kind zu seinen Geschwistern wechseln, ginge ein Elternteil leer aus und der andere hätte alle Kinder, wäre gleichsam der »Gewinner der Scheidung«. Kommen potenzielle Stiefgeschwister durch neue Partner der Eltern hinzu, wird die »Rangfolge« in der gesamten Kinderschar neu verteilt, sodass auch hierdurch eine Dynamik entsteht, die stabilisierend oder labilisierend die Nachscheidungsfamilien beeinflussen kann. Kinder reagieren nicht in jedem Fall aufgeschlossen auf neue Partnerschaften ihrer auseinander gegangenen Eltern. Dennoch können negative Erziehungserfahrungen mit einem bisherigen Elternteil mitunter durch entsprechend gute Beziehungen zum neuen Partner eines Elternteils korrigiert werden. Kommt es nach der Scheidung zu einer neuerlichen Heirat, nimmt die Mutter z. B. den Namen des neuen Partners an, so stellt sich die Frage einer Namensänderung, wenn das Kind bei der Mutter verbleibt. Gehen die Abgrenzungswünsche noch weiter, führen sie im Falle von Stieffamilien auch oft zum Adoptionsbegehren: In unserem Beispiel möchte dann z. B. der neue Partner der Mutter (Stiefvater) das Kind adoptieren, womit der leibliche Vater alle seine Rechte und Pflichten verliert bzw. ihrer enthoben wird. Dass sich aus diesen Konstellationen ganz erhebliche Problembereiche ergeben können, liegt auf der Hand; es wird in Kapitel 7 noch weiter ausgeführt.

Was geschieht nach einer Trennung mit den Geschwistern?

Die Frage, welche Auswirkungen eine Trennung oder Scheidung auf die Beziehung der Geschwister untereinander hat, ist nicht einfach zu beantworten, da dies von sehr vielen Faktoren abhängt: Zum einen ist der Altersabstand zwischen den Geschwistern von Bedeutung, da bei größerem Altersabstand zwischen ihnen unterschiedliche Entwicklungsaufgaben und Interessenlagen vorliegen. Handelt es sich um Zwillinge oder um Geschwister mit geringem Altersabstand, kann die Beziehung generell sehr eng sein, aber andererseits auch sehr rivalisierend, was durch eine Trennung oder Scheidung entweder verstärkt oder aber aufgehoben werden kann. Die Anzahl der Geschwister, darauf wurde schon hingewiesen, spielt ebenfalls eine Rolle und ebenso die Frage, ob es Halbgeschwister gibt oder Stiefgeschwister, die aufgrund des Alters und gemeinsamer Interessen oder von Gleichgeschlechtlichkeit eine besondere Bedeutung erlangt haben. Gerichtlich ist von erheblicher Bedeutung, ob die Beziehung der Geschwister zu den Elternteilen unterschiedlich intensiv ist, wie es sich häufig bei Zwei- oder Drei-Geschwister-Familien abzeichnet: Da gibt es nicht selten das ausgesprochene Papa-Kind oder/und andererseits das Mama-Kind.

Adams (1986) unterscheidet drei verschiedene Formen der Geschwisterbeziehung:

1. Eine intensive Geschwisterliebe, die sie in Anlehnung an Bank und Kahn (1975) auch als »Hänsel- und Gretel-Phänomen« bezeichnet. Eine solche innige Geschwisterliebe entsteht nur unter ganz bestimmten familiären Konstellationen – wie z. B. bei emotionaler und/oder tatsächlicher Abwesenheit der Eltern – und »schließt den irrationalen Prozess einer blinden Liebe ein«.
2. Bei der zweiten Form handelt es sich um die Geschwisterrivalität, die konstruktiv oder destruktiv sein kann, in der Regel im Erwachsenenalter nachlässt, jedoch auch bis ins hohe Erwachsenenalter fortbestehen kann.
3. Die dritte Form kann als Geschwistersolidarität bezeichnet wer-

den, »mit der ein Gefühl von Nähe gemeint ist, das auf gegenseitigem Vertrauen, Verstehen und Helfen beruht«. Geschwister können auch erotisch »besetzt« werden, was bei Stiefgeschwistern nicht ungewöhnlich ist; schließlich können sie als Babyersatz fungieren (z. B. bei Mädchen in der ödipalen Entwicklungsphase). Sie dienen aber auch als Helfer bei der Bewältigung von Sozialisationsschritten – im Sinne von Mentoren oder »Schrittmachern«; sie können zudem zu Helfern instrumentalisiert werden (ältere Geschwister werden von jüngeren eingesetzt, um etwas zu erreichen, wozu sie selbst nicht in der Lage sind) (vgl. auch Kasten 1993).

Wenn wir uns fragen, wie nun im Einzelfall Beziehungen zwischen den Geschwistern durch Trennung und Scheidung verändert werden, ist es hilfreich, diese Frage vor dem Hintergrund zu betrachten, dass es sich bei einer Trennung oder Scheidung nicht um eine deutlich befristete Krise handelt, sondern um ein kritisches Lebensereignis, das auf einem ganzheitlichen komplexen Prozess beruht, auf sehr unterschiedlichen Ebenen abläuft und sich nicht immer zeitsynchron ereignet. Je nachdem, ob wir die Vor-Scheidungszeit, die man als »emotionale Scheidung« bezeichnen kann, oder die eigentliche Scheidungsphase (gesetzliche Scheidung) betrachten oder aber die Nach-Scheidungszeit, die der eigentlichen »psychischen Scheidung« entspricht, fällt die Antwort auf die Frage, was Geschwister füreinander bedeuten, unterschiedlich aus.

Diesen genannten Aspekten wird in einer Untersuchung von Schmidt-Denter und Beelmann (1995) Rechnung getragen; die Autoren beschreiben ihre Untersuchungen zu Geschwisterbeziehungen nach einer Scheidung und Trennung wie folgt: »Die elterliche Trennung führt zu einer Intensivierung der Geschwisterbeziehung. Diese zeigt sich sowohl im positiven als auch im negativen Gefühlsbereich. Einerseits wirken Geschwister unterstützend: Das Geschwister-Subsystem bleibt in der Regel trotz der Trennung/Scheidung erhalten und bildet somit einen Faktor der Stabilität. Außerdem sind Geschwister den Belastungen nicht alleine ausgesetzt. Sie verfügen über einen Gesprächspartner und gegebenenfalls Verbündeten gegenüber den Eltern. Andererseits werden Geschwister zu Konkurrenten: Sie rivalisieren insbesondere um die Zuwendung ihrer Eltern, deren zeitliche und emotionale Ressourcen trennungsbedingt durch zahlreiche Stressoren verringert werden.«

In einer eigenen Studie (Karle & Klosinski 2001), vorgenommen an von der Abteilung Psychiatrie und Psychotherapie im Kindes- und Jugendalter der Universität Tübingen erstellten Sorgerechtsgutachten, folgte man bei 70 % der Gutachten, die eine Aufteilung der Kinder auf beide Elternteile empfahlen, dem klar geäußerten unterschiedlichen Willen der Kinder. Dieser Wille war in der Regel so formuliert, dass die Kinder angaben, bei einem bestimmten Elternteil leben zu wollen. Er bezog sich in keinem Fall darauf, dass sie angaben, nicht zusammen mit ihren Geschwistern aufwachsen zu wollen. Ein weiterer wesentlicher Grund (40 %) wurde darin gesehen, dass Besuchskontakte so leichter möglich wären. Ein »Gerechtigkeitsdenken« bei den Kindern bzw. eine »Lagerbildung« in der Familie war bei einem Drittel zu konstatieren. Bei einem weiteren Drittel spielten die Ablehnung von Kindern durch einen Elternteil oder Hinweise darauf, dass ein Elternteil mit der Betreuung der Kinder überfordert wäre, eine wesentliche Rolle.

Für eine Aufteilung von Geschwistern spricht, wenn die betreffenden Kinder dies ausdrücklich befürworten und ihre jeweiligen Beziehungen zu den Elternteilen unterschiedlich stark ausgeprägt sind. Wenn dann noch die Eltern ebenfalls für diese Lösung stimmen, kann eine »Aufteilung« ins Auge gefasst werden. Ferner kann im Einzelfall die Situation vorliegen, dass die Kontaktaufnahme der Kinder zu beiden Elternteilen besser gewährleistet ist, wenn sie sich auf beide Familien aufteilen und dann nicht nur den Bruder oder die Schwester besuchen, sondern auch den anderen Elternteil. Eine Aufteilung gewährleistet in diesem Fall für die Kinder, dass es nicht zu einem gänzlichen Verlust des anderen Elternteils kommt. Eine solche Situation wird sich nur dann ergeben, wenn die Beziehung zwischen den Geschwistern positiv ist und auch durch die Trennung oder Scheidung nicht in Frage gestellt wird.

Wie oben bereits angedeutet, kann auch dann eine Aufteilung der

Kinder auf beide Elternteile erforderlich werden, wenn durch die finanzielle und soziale Situation nach der Trennung einer der Elternteile nicht alle Kinder bei sich aufnehmen kann.

Gegen eine Aufteilung sprechen folgende Umstände: wenn die Kinder auf jeden Fall zusammenbleiben wollen und die Eltern dies genauso sehen; wenn die Geschwister ein ausgesprochen positives Verhältnis zueinander haben, sich gegenseitig stützen oder jeweils eine besondere Vorbildfunktion für den anderen einnehmen. In solchen Situationen sind Geschwister mit einem geteilten Leid eher in der Lage, sich gegenseitig bei der Bewältigung der Trennungsfolgen zu unterstützen.

Wie schwierig im Einzelfall eine Entscheidung für oder gegen eine Aufteilung der Kinder sein kann, soll an folgendem Beispiel verdeutlicht werden:

> Es handelt sich um vier Kinder: zwei Söhne und zwei Töchter. Die Söhne, Jakob und Franz, waren 17 und 15, die Töchter, Maria und Veronika, 11 und 6 Jahre alt. Zum Zeitpunkt der Trennung zog die Mutter mit den zwei Mädchen aus. Die zwei Söhne signalisierten, sie wollten beim Vater bleiben. Im Rahmen eines Umgangskontakts der Töchter beim Vater baten sie ihn, bei ihm wohnen zu können. Der Vater erklärte den Kindern, er könne dies nicht einfach tun, müsse diesbezüglich mit der Mutter sprechen. Er fuhr mit beiden Töchtern und mit Franz zur Mutter, um mit ihr zu reden. Diese lehnte den Wunsch von Vater und Töchtern ab. Angeblich soll sie bei diesem Gespräch geäußert haben, wenn er eine entsprechende Summe bezahle, dann könne er die beiden Töchter mitnehmen. Es entwickelte sich ein heftiger Streit, der in eine Äußerung der Mutter einmündete: Die Kinder hätten sie nicht mehr lieb, sie werde jetzt die Polizei holen. Daraufhin bat Maria die Mutter unter Tränen, sie wolle nicht, dass ihr Papa für ihre Entscheidung bestraft werde, dass sie zu ihm wolle. Im Rahmen dieses Streites hatte sich Maria vorher ins Bad geflüchtet, wohin ihr dann die Mutter gefolgt war. Die Mutter fragte ihre Tochter, ob sie tatsächlich zum Vater wolle, worauf Maria äußerte, sie habe genau gewusst, dass die Mutter so reagieren werde. Deshalb habe sie auch in den vergangenen Monaten den Wunsch, beim Vater zu leben, der Mutter

gegenüber so nicht mitteilen können. Sie wolle aber trotzdem zum Vater.

Die Mutter hatte sich in der Folge ans Gericht gewandt und die Herausgabe der Töchter erwirkt. Beide Töchter wurden dann per Gerichtsvollzieher beim Vater abgeholt. Diese »Mitnahme« durch den Gerichtsvollzieher in Begleitung von Polizisten führte zu einer dramatischen Szene, bei der die Töchter heftig weinten, sich zeitweilig an den Vater anklammerten. Diese »Wegnahme« seiner Schwestern führte bei Franz dazu, dass er in der Folgezeit die Mutter nicht mehr besuchte. Im Gegenzug wollte die Mutter dann die beiden Schwestern weniger häufig zum Vater lassen. Im Gegensatz zu Franz besuchte Jakob die Mutter regelmäßig. Maria konnte in der gutachterlichen Untersuchungssituation mitteilen: »Wenn ich beim Papa bin, dann vermisse ich die Mama, und wenn ich bei der Mama bin, dann den Papa.« Sie wolle aber lieber zum Papa. Veronika hingegen gab an, sie wolle bei der Mama bleiben. Überraschend teilte sie auf die so genannte »Robinsonfrage« (»Stell dir vor, du müsstest auf einer einsamen Insel leben und auf diese könntest du eine Person mitnehmen – wen würdest du mitnehmen?) mit: »Meinen Bruder!« In einem kurzen Gespräch jeweils alleine mit beiden Schwestern teilte der Sachverständige Maria mit, was Veronika ihm in Bezug auf ihren Verbleib bei einem Elternteil gesagt hatte. Maria bestätigte dann nochmals, dass sie zum Papa wolle, worauf Veronika äußerte, sie wolle trotzdem bei der Mama bleiben. Dabei ergriff Veronika die Hand von Maria liebevoll, hielt sie ganz fest. Maria ließ dies nicht zu, zog ihre Hand weg, woraufhin Veronika Tränen in den Augen hatte.

In dieser schwierigen Situation empfahl der Sachverständige dem Gericht und den Eltern, die Tochter Maria probehalber für mindestens ein halbes Jahr zum Vater wechseln zu lassen, um auszuprobieren, ob sowohl sie als auch Veronika diese Trennung gut verkraften würden. Erst danach sollte eine Entscheidung über den endgültigen Verbleib des Mädchens herbeigeführt werden. Mit einem Wechsel von Maria zum Vater schien auch gewährleistet zu sein, dass der Bruder, Franz, die Mutter wieder häufiger besuchen würde.

Dieses Beispiel belegt eindrucksvoll, dass in vielen Fällen nicht eindeutig vorhergesagt werden kann, wie Kinder auf eine Trennung von ihren Geschwistern reagieren werden, wenn sie an diese stark gebunden sind und wenn eine erhebliche Ambivalenz zu beiden Elternteilen besteht. Den Eltern muss in solchen Fällen Mut gemacht werden, eine solche Situation im gegenseitigen Einvernehmen »auszuprobieren«.

Fassen wir zusammen: Die Frage, ob Geschwister im Falle einer Trennung/Scheidung der Eltern hilfreich sind oder nicht, d. h. ob ein Kind mit Geschwistern »beglückt oder bestraft« ist, kann nicht einfach mit »ja« oder »nein« beantwortet werden. Die Tatsache, dass Geschwister näher zusammenrücken, kann jedenfalls nicht das einzige Kriterium sein. Es könnte nämlich in diesem Fall zu einem Bündnis der Geschwister gegen einen Elternteil kommen. Langfristig wäre dies einer förderlichen Kindesentwicklung abträglich.

Umgekehrt könnten geschwisterliche Auseinandersetzungen lehren, dass es möglich ist, sich zu streiten, ohne sich zu trennen – im Gegensatz zum Vorbild der Eltern. Geschwisterstreit kann auch, insbesondere in der Pubertät, den Beginn der Entwicklung einer eigenen Individuation markieren, die mit einer Abgrenzung, auch von den Geschwistern, verbunden ist.

Die von Lempp (1983) formulierte Position ist weiterhin aktuell; er schreibt: »Als sehr allgemeine Regel kann die Forderung, dass Geschwister nicht getrennt werden sollen, auch bestehen bleiben, sie ist allerdings im Einzelfall genau zu differenzieren«. Mit Kasten (1993) kann nach neuerlicher Durchsicht der Literatur weiterhin gelten: »Geschwisterbeziehungen können sich durch und im Verlaufe von innerfamilialen Spannungen, wie sie durch Trennung und Scheidung der Eltern ausgelöst werden, wandeln zum Negativen, teilweise aber auch zum Positiven hin und umgekehrt: Das in Geschwisterbeziehungen verborgene Potenzial lässt sich nützen, nicht nur im Rahmen von therapeutischen und Familienberatungsprozessen, sondern beeinflusst als solches den Trennungs- und Scheidungsprozess und erleichtert oder erschwert die Reorganisation und Stabilisierung der Nachscheidungsfamilie.«

Die Stieffamilienproblematik

Die Reaktionen der Kinder auf neue Partner der sich trennenden Eltern sind ganz unterschiedlich und abhängig vom Trennungsprozess: Hat sich z. B. das Kind mit demjenigen Elternteil verbündet, der die Ehe noch zu retten versucht und eine Wiederversöhnung anstrebt, wird es einen neuen Partner des anderen Elternteils in aller Regel ablehnen, weil mit ihm die Chance auf eine Wiedervereinigung der Eltern eher geringer wird. Ist das Kind hingegen wie der Elternteil, bei dem es wohnt, der Meinung, dass nun endlich der furchtbare Streit in der Familie zu Ende und mit dem neuen Partner die Chance zu einem Neuanfang gegeben ist, so wird es den potenziellen neuen Stiefvater oder die neue Stiefmutter überraschend schnell akzeptieren, um dem betreffenden Elternteil zu vermitteln, dass es mit ihm in Einklang steht. Mit »Stieffamilie« wird eine Familienkonstellation bezeichnet, bei der die Partner verheiratet sind und mindestens ein Elternteil nicht der leibliche Elternteil des Kindes ist. Sieht man davon ab, dass der Verlust eines Elternteils durch Tod ebenfalls zu einer Stieffamilie führen kann, ist es gleichsam das Privileg und Schicksal von Scheidungskindern, u. U. zwei Stieffamilien zu haben, nämlich dann, wenn beide Elternteile wieder einen neuen Partner finden. Für viele Elternteile ist es schwer vorstellbar, dass ein anderer nun die Rolle des Vater oder der Mutter übernimmt, zum Ersatzvater oder zur Ersatzmutter wird und womöglich sehr schnell noch »Vater« oder »Mutter« genannt wird. Die bisherige Ausschließlichkeit der Bezeichnung von »Papa« oder »Mama« ist für viele Elternteile selbstverständlich, und sie werfen es der anderen Seite vor, wenn dieses exklusive Wort nunmehr in Bezug auf andere Personen gelten soll. Die eigene elterliche Exklusivität wird dadurch in Frage gestellt. Es gibt nicht wenige Mütter, die die Ansicht vertreten, der leibliche Vater verliere seine Funktion in dem Augenblick, wenn das Kind einen Stiefvater hat, der das Kind akzeptiert und den auch das Kind mag. Solche Mütter haben meist eine sehr schwierige Beziehung zu ihrem ehemaligen Partner und hegen den Wunsch, noch einmal ganz von vorne anzufangen, so, als ob das Kapitel der ersten Ehe mit der neuen Heirat ein für alle Mal abgeschlossen werden könnte. Dies ist jedoch in aller Regel eine Illusion, da die Vergangenheit sich nicht einfach auslöschen lässt, nicht verdrängt, sondern bewältigt werden will. Die Devise: »Entweder – oder« hilft in diesen Situationen nicht weiter, viel eher schon das Motto »Sowohl – als auch«. Müssen Kinder den leiblichen Vater ablehnen, um eine neue, heile Familie mit einem Stiefvater zu bilden, werden latente Schuldgefühle entstehen, die ihrerseits wieder dazu führen, dass eine noch größere Abwehr aufgebaut wird. Besonders kleine Kinder, die noch in großer Abhängigkeit vom Elternteil leben, sind dazu »verurteilt«, die Sichtweise des sorgeberechtigten Elternteils in diesem Punkt zu übernehmen, wollen sie nicht den heiß ersehnten neuen Familienfrieden gefährden und damit die Illusion zerstören: »Wenn nur der Außenfeind, sprich der zurückgelassene Elternteil, nicht wäre, wäre alles noch viel besser.«

Die Eltern von Josephine (12), Karl (10) und Lukas (9) hatten sich vor zwei Jahren getrennt. Die Mutter hatte einen neuen Partner gefunden, was der Vater nicht akzeptieren wollte. Er beging bis zur definitiven Trennung drei Selbstmordversuche, in die auch die Kinder zum Teil insofern involviert waren, als Josephine miterlebte, wie sich der Vater mit einem Messer in der Küche töten wollte. Auch hatte er der Tochter gegenüber angekündigt, dass sie ihn nie wiedersehen werde, weil er Tabletten eingenommen habe. Die Mutter heiratete wieder. Der Stiefvater beabsichtigte, die Kinder zu adoptieren, was der Vater aber nicht zuließ. Josephine wollte auch den Kontakt zum Vater nicht abbrechen. Die Mutter riet ihr, Kontakte zum leiblichen Vater auch dem Stiefvater mitzuteilen, da dieser sich sonst »fühle, als ob Josephine und ihre beiden Geschwister ihn nicht mögen würden«. Karl hatte sich wie seine ältere Schwester heimlich mit dem Vater getroffen und dies 1 ½ Jahre lang der Mutter und dem Stiefvater verheimlicht. Er hatte vor, auch nach einer Adoption den Vater weiterhin heimlich zu besuchen. Der Junge war verhaltensauffällig geworden und musste deswegen in ein Heim. Er hatte starke Schuldgefühle dem Vater gegenüber, wollte aber wieder zurück zu seiner Mutter, dem neuen Stiefvater und zu seinen beiden Geschwistern. Die drei Kinder spürten intuitiv, wie sich die Mutter vom ehemaligen Partner abgrenzen und diesen mit einer Adoption völlig ausgrenzen wollte.

Der Sachverständige empfahl, zunächst keine Adoption zu forcieren. Der leibliche Vater sollte von heimlichen Kontakten zu seinen Kindern Abstand nehmen, um sie nicht länger in eine erhebliche Drucksituation und in einen Loyalitätskonflikt zu bringen. Die Mutter und der Stiefvater mussten lernen, dass Kontakte der Kinder zum Vater keine Bedrohung der neuen Partnerschaft darstellten.

Haben sich Eltern mit Kindern unter Mühen getrennt und leben die Kinder bei der Mutter, so kann das Auftauchen eines potenziellen neuen Partners zunächst eine Bedrohung für die Exklusivität der Beziehung zwischen Mutter und Kindern darstellen. Die Kinder werden sich vielleicht zunächst sehr skeptisch und ablehnend verhalten, auch dann, wenn an eine Wiedervereinigung zwischen leiblichem Vater und leiblicher Mutter nicht mehr zu denken ist. Manche Väter und Mütter, die infolge von Trennung und Scheidung allein erziehend sind, verzichten wegen der Kinder und für die Kinder auf eine neue Partnerschaft: Oft mag die Angst dahinterstecken, noch einmal in eine ähnliche Krise zu geraten. Häufig aber stellt sich auch für den allein erziehenden Elternteil die Frage, inwieweit der neue Partner in der Lage sein wird, die Kinder voll zu akzeptieren, zumal wenn er selbst Kinder aus einer anderen Beziehung mitbringt. Wird er sein eigenes Kind bevorzugen, da es ihm als leibliches Kind ja immer näher steht? Gerade weil sich neu konstituierende Stieffamilien nicht leicht damit tun, sich einzugestehen, dass jede neue Partnerschaft ähnliche Probleme wie die ersten Ehe in sich birgt, ist der Wunsch nach Harmonie und Eintracht besonders ausgeprägt. Dies hat u. a. zur Folge, dass der ehemalige Partner mitunter als Störenfried wahrgenommen und ausgegrenzt wird. Er soll bitteschön das neue Glück der neuen heilen Familie nicht stören. Hat sich das neue Glück noch nicht so etablieren können, wie es dem Wunsch oder der Illusion der Betroffenen entspricht, wird der ehemalige Partner schnell als Schuldiger ausgemacht, der dem neuen Glück entgegensteht.

Der Wunsch nach Nähe führt insbesondere bei vorpubertierenden und pubertierenden Mädchen dazu, dass die Beziehung zum Stiefvater besonders nah ist und inzestiös gefärbt sein kann. Ein sexueller Missbrauch ereignet sich dabei etwas häufiger zwischen Stiefvätern und Stieftöchtern als zwischen Vätern und Töchtern. Mit einem Stiefvater oder einer Stiefmutter werden den Kindern nicht selten Stiefgeschwister beschert, die zu hilfreichen Gleichaltrigen und neuen Geschwistern werden können, aber auch zu potenziellen Rivalen, mit denen man sich die Gunst der Eltern teilen muss. In einer neuen Stieffamilie können Kinder mitunter das Gefühl entwickeln, wieder eine neue, vollständige Familie zu sein, und können den Status einer getrennt lebenden oder auseinander gebrochenen Familie abstreifen. Da spätestens mit der Heirat des Elternteils, der sich getrennt hat, die lang anhaltende Illusion eines Kindes von der Wiedervereinigung der Eltern endgültig zusammenbricht, passt es sich in dieser Situation dadurch an, dass es Abschied von dieser Vorstellung nimmt und nunmehr gerne in eine polarisierende Schwarz-Weiß-Malerei verfällt. In der Pubertät – wenn sich ein Stiefkind vermehrt auf seine eigenen leiblichen Wurzeln besinnt und wieder mehr Interesse hat, den leiblichen Vater und die leibliche Mutter kennen zu lernen – kommt es erfahrungsgemäß zu einer Verschlechterung der Beziehung zum Stiefelternteil. Auf diese Situation hat u. a. Vigdor (2000) hingewiesen. Seiner Ansicht nach führt die Situation dazu, »dass sich Stiefväter im Durchschnitt gegenüber den Jugendlichen um einiges verständnisloser, intoleranter, autoritärer und abweisender verhalten als leibliche Väter. Dazu kommt noch, dass sich beim Stiefvater zur Mutter, die durch seine Unfreundlichkeit oft in eine Beschützerrolle des Kindes gedrängt wird, eifersüchtige Spannungen aufbauen. Das heißt, Stiefvater und Jugendlicher konkurrieren um die Mutter. Nun gerät diese in einen schweren Loyalitätskonflikt zwischen ihrem Kind und ihrem Mann. Die Folgen sind ernsthafte Krisen in der Partnerschaft, wodurch der Anpassungsdruck, der auf dem Kind lastet, noch größer wird.«

Die größte Sorge von Elternteilen, deren Kinder in neuen Stieffamilien leben, ist, die eigenen Kinder zu verlieren, deren Liebe an den Stiefvater oder die Stiefmutter »abzugeben« oder aber – dies wäre das

Schlimmste – aus dem Leben der Kinder völlig ausgeschlossen zu werden. Diese Ängste führen zwangsläufig zur Eifersucht auf den neuen Partner des anderen Elternteils. Vigdor (2000) hat die ödipale Konfliktsituation auf der Elternebene herausgearbeitet und geht davon aus, dass sich der neue Partner als »Sohn« erlebt, der den Vater bei der Mutter ausgestochen hat und nun dessen Vergeltung fürchtet. Der Vater wiederum erlebt den neuen Partner seiner ehemaligen Frau als den Stärkeren und Mächtigeren und sich selbst als »kastrierten«, ausgeschlossenen Jungen. Dies erkläre, so Vigdor, »warum so viele geschiedene Männer nicht nur wegen der Kinder, sondern auch wegen ihrer früheren Frau auf den neuen Partner eifersüchtig werden, selbst dann, wenn sie selbst es waren, die einst die Scheidung wollten, ja sogar dann, wenn sie inzwischen eine neue Partnerin gefunden haben«.

Sind sich Kinder der Beziehung zur Mutter trotz aller Ambivalenz sicherer als jener zum getrennten oder geschiedenen Vater, entwickeln sie oft Ängste, die Liebe des Vaters zu verlieren, wenn sie nicht dessen neue Partnerin ebenfalls akzeptieren. Die Negativzeichnung einer bösen Stiefmutter geschieht innerseelisch, um das verinnerlichte Bild einer »guten Mutter« (die in Wirklichkeit ja weggegangen ist und deswegen böse ist) aufrechtzuerhalten. Die neue Frau des Vaters wird, insbesondere bei Mädchen, zur ödipalen Rivalin, d. h. es kommt zum Aschenputtel-Syndrom, bei dem die Stiefmutter die Rolle der Konkurrentin des Kindes in Bezug auf den Vaters übernimmt. Mit anderen Worten: In Stieffamilien konstellieren sich gleichermaßen entlastende und belastende neue äußere Beziehungen, die im innerseelischen Bereich der Kinder alte Konflikte mit den leiblichen Eltern neu aufleben lassen. Es bedarf vonseiten der Erwachsenen viel Fingerspitzengefühls und großer Nachsicht, um mit den Reaktionen der Kinder auf neue Partnerschaften adäquat umgehen zu können. In jenen Fällen, wo sich eigene »blinde Flecke« auftun, sollte man sich nicht scheuen, die Hilfe kompetenter Dritter in Anspruch zu nehmen, um das »Beziehungswirrwarr«, das die Kinder erleben und in ihrem Inneren herstellen, zu entwirren.

Probleme der Namensänderung

Die Frage einer Namensänderung eines Kindes nach Scheidung der Eltern kann zu heftigen Auseinandersetzungen zwischen den leiblichen Eltern führen und ist deshalb vom Gesetzgeber in § 1617 c (nachträgliche Bestimmung oder Änderung des Ehenamens) und in § 1618 BGB (Einbenennung) geregelt. Mit der Namensgebung eines Familiennamens erhält das Kind psychologisch gesehen ein Stück Identität: Es ist mit seinem Familiennamen einem der Elternteile zugeordnet. Dies ist auch heute noch in den meisten Fällen der Name des Vaters. Kommt es zur Scheidung und wird das Kind der Mutter zugesprochen – sie ist Sorgeberechtigte –, kann diese z. B. wieder ihren »Mädchennamen« annehmen und dann beantragen, dass das Kind ebenfalls ihren Mädchennamen erhält. Ist das Kind unter 5 Jahre alt, muss es selbst nicht gefragt werden, doch muss der leibliche Vater seine Einwilligung geben. Ab dem 5. Lebensjahr muss das Kind diese Namensänderung ebenfalls ausdrücklich wollen.

Im anderen Falle geht es um die Angleichung des Namens eines Kindes an den neuen Namen der Stieffamilie. Damit sind grundsätzlich zwei unterschiedliche Situationen für eine Namensänderung gegeben.

Fall 1:
Eine geschiedene Mutter mit Kind nimmt nach der Scheidung ihren Mädchennamen wieder an und lässt den Namen des Kindes angleichen, d. h. das Kind soll ebenfalls den Mädchennamen der Mutter als Familiennamen tragen.

Fall 2:
Eine geschiedene Mutter mit Kind heiratet erneut, nimmt als Familiennamen den Namen des neuen Ehegatten an und möchte nun für ihr Kind eine Um- oder »Einbenennung« erwirken, d. h. das Kind soll so heißen wie der Stiefvater.

In beiden Fällen muss der leibliche Vater gehört werden und einwilligen. Der Gesetzgeber hat festgelegt, dass eine solche Namensänderung, wenn sie denn strittig ist, für das Wohl des Kindes »erforderlich« sein muss. Die Verwaltungsbehörde kann, wenn der Vater nicht einwilligt, seine Einwilligung von Amts wegen ersetzen, d. h. wenn die Mutter nachweisen kann, dass eine Namensänderung für das Wohl des Kindes erforderlich ist, wird sie auch gegen den Willen des leiblichen Vaters möglich (da Ehemänner auch den Namen ihrer Ehefrauen annehmen können, gilt das hier Ausgeführte auch für Scheidungen, bei denen die Väter das Sorgerecht für die Kinder behalten, ihren Namen wieder ändern wollen und nun beantragen, dass ihr Kind ihren Namen erhält).

Die gesetzlichen Bestimmungen für Fall 1 (nachträgliche Bestimmung oder Änderung des Ehenamens: § 1617 c BGB) lauten:

> »(1) Bestimmen die Eltern einen Ehenamen, nachdem das Kind das 5. Lebensjahr vollendet hat, so erstreckt sich der Ehename auf den Geburtsnamen des Kindes nur dann, wenn es sich der Namensgebung anschließt. Ein in der Geschäftsfähigkeit beschränktes Kind, welches das 14. Lebensjahr vollendet hat, kann die Erklärung nur selbst abgeben; es bedarf hierzu der Zustimmung seines gesetzlichen Vertreters. Die Erklärung ist gegenüber dem Standesbeamten abzugeben, sie muss öffentlich beglaubigt werden …«

Der Gesetzestext zur »Einbenennung« gemäß § 1618 BGB vom 9.4.2002 lautet wie folgt:

> »Der Elternteil, dem die elterliche Sorge für ein unverheiratetes Kind allein oder gemeinsam mit dem anderen Elternteil zusteht, und sein Ehegatte, der nicht Elternteil des Kindes ist, können dem Kind, das sie in ihren gemeinsamen Haushalt aufgenommen haben, durch Erklärung gegenüber dem Standesbeamten ihren Ehenamen erteilen. Sie können diesen Namen auch dem von dem Kind zur Zeit der Erklärung geführten Namen voranstellen oder anfügen; ein bereits zuvor nach Absatz 1 vorangestellter oder angefügter Ehename entfällt. Die Erteilung, Voranstellung oder Anfügung des Namens bedarf der Einwilligung des anderen Elternteils, wenn ihm die elterliche Sorge gemeinsam mit dem den Namen

erteilenden Elternteil zusteht oder das Kind seinen Namen führt, und, wenn das Kind das 5. Lebensjahr vollendet hat, auch der Einwilligung des Kindes. Das Familiengericht kann die Einwilligung des anderen Elternteils ersetzen, wenn die Erteilung, Voranstellung oder Anfügung des Namens zum Wohl des Kindes erforderlich ist. Die Erklärungen müssen öffentlich beglaubigt werden. § 1617 c gilt entsprechend.«

Welche Gründe rechtfertigen nun die Angleichung des Namens an den der Mutter oder den des Stiefvaters zum Wohl des Kindes?

Bei einer Angleichung des Namens an den Namen der neuen Stieffamilie ergibt sich häufig folgende Situation: Nimmt nach einer Scheidung die sorgeberechtigte Mutter (meist ist es die Mutter, es könnte aber genauso gut der Vater sein) ihren früheren Namen wieder an oder heiratet sie erneut und nimmt den Namen des zweiten Ehemannes an, dann kann dies für das Kind im Alltag zu Verunsicherungen führen: Wird z. B. die Mutter oder der Stiefvater angerufen und nimmt das Kind ab, indem es sich mit seinem bisherigen Namen meldet, dann kann es passieren, dass der Anrufer auflegt, weil er annimmt, er habe sich verwählt. Wenn die Sorgeberechtigte nach der Scheidung umzieht, dann ist z. B. in der Nachbarschaft oder in der Schule nicht von vornherein klar, dass die Mutter des Kindes die leibliche Mutter ist, da sie einen anderen Namen trägt. Dies kann zu Irritationen, zu Verunsicherungen und, wenn das Kind gehänselt wird, zu erheblichen Beeinträchtigungen führen. Geht die Mutter z. B. mit einem neuen Partner eine Wohngemeinschaft oder Ehe ein (im letzteren Fall ohne den Namen des neuen Partners anzunehmen), so können dann in einer Familie drei verschiedene Namen geführt werden: der des Kindes mit seinem alten Namen, der der Mutter mit ihrem Mädchennamen und der des neuen Partners mit einem dritten Namen. Im Falle einer Wiederheirat führt die Mutter unter Umständen einen Doppelnamen und der neue Partner behält seinen Namen oder umgekehrt. Wenn aufgrund einer solchen Situation drei Personen drei verschiedene Namen führen, kann das Kind in Bezug auf seine Identität und Zugehörigkeit noch mehr verunsichert werden.

Ist der Kontakt des Kindes zum nicht-sorgeberechtigten Elternteil über längere Zeit abgebrochen, insbesondere wenn z. B der Vater von seinem Umgangsrecht nicht Gebrauch macht und das Kind diesbezüglich maßlos enttäuscht ist, kann das Kind als Reaktion auf diese »Funkstille« zu der Auffassung gelangen, dass es, ähnlich wie die Mutter, nun ganz mit dem Vater brechen und dies auch mit einem geänderten Namen unterstreichen möchte. In solchen Situationen scheint der Wunsch des Kindes nachvollziehbar und gerechtfertigt zu sein, da der Kontaktabbruch des nicht-sorgeberechtigten Elternteils psychologisch gesehen eine Art »Durchtrennung der Nabelschnur« darstellt. Häufig ist es jedoch so, dass der sorgeberechtigte Elternteil die Namensänderung will, d. h. dass die beantragte Namensänderung u. a. als Waffe im Nach-Scheidungskampf fungiert: So argumentierte eine Mutter, die nach der Scheidung ihren Namen geändert hatte und auch die Namensänderung des Sohnes forderte: »Wer sich jahrelang in strafbarer Weise seinen Unterhaltspflichten entzieht, hat das Recht verwirkt, über den Namen seines Sohnes mitbestimmen zu dürfen.« In diesem Fall entgegnete der Vater, die Mutter wolle ihm den Sohn über die Familien-Namensänderung entfremden.

Ein weiterer einsichtiger Grund für eine Namensänderung wäre aus der Sicht des Kindes (und des Sorgeberechtigten) gegeben, wenn sich der Nicht-Sorgeberechtigte, dessen Namen das Kind trägt, schwerer Verbrechen oder Verfehlungen schuldig gemacht hätte und sich das Kind, auf die Namensgleichheit angesprochen, dieser Identität schämen müsste. Das ist z. B. bei Sexualstraftätern der Fall, die der Öffentlichkeit auch bekannt werden.

Es gibt aber in den beiden o. g. Fällen auch die Möglichkeit, im Rahmen einer beantragten Namensänderung eine Doppelnamensführung für das Kind zu beantragen, die auch von den Behörden meist bewilligt wird und für das Kind durchaus sinnvoll sein kann.

Immer dann, wenn Kinder (insbesondere Schulkinder) nach der Scheidung ihrer Eltern zu beiden Elternteilen eine gute und intensive Beziehung bewahren konnten und wenn der sorgeberechtigte Elternteil, bei dem das Kind wohnt, seinen Namen wieder geändert hat, ist es aus der Sicht des Kindes sinnvoll, einen Doppelnamen zu führen: Mit diesem Doppelnamen kann das Kind unterstreichen, dass es sich zum Vater und zur Mutter bekennt, auch wenn das Sorgerecht geregelt ist und ein gemeinsames Sorgerecht besteht. Dabei kann der bisherige Name des Kindes im neuen Doppelnamen vorangestellt oder nachgestellt werden. Bei einer Doppelnamensführung muss geklärt werden, welcher der beiden Namen der Familienname ist, der dann möglicherweise bei eigenen Kindern weitergegeben wird.

Diese theoretischen Überlegungen und Erwägungen sollen anhand eines Beispiels verdeutlicht werden:

Der 11-jährige Benjamin war eheliches und einziges Kind seiner Eltern, die sich trennten und scheiden ließen, als das Kind zwei Jahre alt war. Das Sorgerecht wurde der Mutter zugesprochen. Wegen Unterhaltszahlungsrückständen gab es erhebliche Spannungen zwischen den Eltern, die das Umgangsrecht beeinträchtigten. Ganz bewusst hatte die Mutter in den Vorschuljahren des Kindes ihren Namen nicht gewechselt, dann aber, mit Benjamins Eintritt ins Schulalter, ihren Mädchennamen wieder angenommen. Der Sohn wollte jetzt einen Doppelnamen haben, d. h. er wollte auch so heißen wie die Mutter und nicht nur so wie der Vater. Dem wurde von der entsprechenden Verwaltungsbehörde nicht stattgegeben. In zweiter Instanz wurde ein Namensänderungsgutachten in Auftrag gegeben. Der Vater des Jungen war ein herausragender Sportler, der internationale Preise gewonnen hatte und mit dem sich der Sohn in den letzten Monaten vor dem Gutachtenauftrag zunehmend identifiziert hatte. Benjamin war auf den Vater wegen dessen sportlicher Karriere, die ihm erst jetzt richtig bewusst wurde, nachdem er selbst sportlich aktiv war, stolz. Die eingetretene positive Identifikation mit einem in der Sportwelt anerkannten, berühmten Vater war in dieser Altersstufe für Benjamins Selbstbewusstsein von größter Bedeutung. Gerade weil die Mutter noch keinen neuen Partner hatte und der leibliche Vater für Benjamin eine idealisierte und ganz wesentliche Bezugsperson war, die mehr und mehr an Bedeutung gewann, wurde das Führen eines Doppelnamens für Benjamin ein ganz wichtiges Anliegen. Die Mutter hatte dem Sohn mitgeteilt, dass sie wegen der jahrelangen Streitereien mit dem Vater einen Schlussstrich unter ihre Vergangenheit ziehen wolle und deswegen auch ihren früheren Mädchennamen angenommen habe. Benjamin wollte sich ganz bewusst trotz des extrem negativen Bildes, das seine Mutter von seinem Vater hatte, nicht vom Vater distanzieren, wollte aber auf jeden Fall auch den Namen der Mutter annehmen, um sie nicht zu »verlieren«.

Nähme Benjamin den neuen Namen der Mutter an, würde er die intensivere Beziehung zum Vater auch von der Namensgebung her in Frage stellen. Behielte er aber den Namen des Vaters, so würde er damit der Mutter signalisieren, dass er emotional mehr an den Vater gebunden wäre, was aber nicht der Fall war. Aus diesem Grund war in diesem speziellen Fall dem Wohl des Kindes am besten damit gedient, dass Benjamin einen Doppelnamen führen konnte. Dieser Empfehlung kam auch das Gericht nach (Klosinski 1997b).

Dieses Beispiel zeigt, dass Kinder mit der Führung eines Doppelnamens aus einem großen Dilemma befreit oder zumindest erheblich entlastet werden können, wenn vorher mit der Namensidentität im Rahmen von Scheidungen emotionaler Missbrauch getrieben wurde. Ein »Entweder-oder« der Namensführung kann das Kind in seinem Loyalitätskonflikt in unerträglicher Weise belasten und die Gefahr heraufbeschwören, dass derjenige Elternteil, dessen Namen das Kind trug, mit einer Namensänderung (ohne die Möglichkeit zum Doppelnamen) aus dem Leben des Kindes gestrichen und damit entwertet wird.

Das biblische Wort: »Ich habe dich bei meinem Namen gerufen, du bist mein«, bekommt nach einer Scheidung in solchen Streitsituationen wegen des Namens einen neuen Aspekt: Der Familienname hatte es über viele Generationen hinweg möglich gemacht, dass die männliche Linie zurückverfolgt werden konnte, da früher immer der Name der Männer weitergegeben wurde. Dies ist seit einigen Jahrzehnten in unserer Gesellschaft im Rahmen der Gleichberechtigung von Mann und Frau nicht mehr der Fall. Dies hat auch dazu geführt, dass insbesondere Großeltern, die plötzlich durch die Möglichkeit der Namensänderung nach Scheidung ihrer Schwiegertochter feststellen müssen, dass keine Namensgleichheit mehr mit ihrem Enkel besteht, ganz erheblich verunsichert, gekränkt und in ihrer Identität erschüttert sind. Väter und Großeltern erleben es gleichermaßen so, dass mit der Namensänderung ein Stück Identität »ausradiert« wird, d. h. es wird für die Betroffenen eine bisherige Gemeinsamkeit in der Vergangenheit »ausgelöscht«. Mit einer Doppelnamenführung kann in vielen Fällen diese nicht einfache Situation für das Kind und die Eltern und Großeltern gemildert werden.

Salzgeber (2001) hat zusammengestellt, welche Gründe eine Namensänderung im Rahmen einer Einbenennung in eine Stieffamilie *nicht* rechtfertigen: »Einer Namensänderung kann nicht zugestimmt werden, wenn der Name nur verdecken soll, dass das Kind aus einer geschiedenen Ehe stammt, die Namensänderung soll nicht dazu beitragen, dem Kind die Tatsache zu verheimlichen, dass es zwei Väter hat. Der Wunsch des Kindes und eine derzeitige Ablehnung des Kindes zum Kontakt mit dem Vater reichen in der Regel nicht aus, eine Namensänderung zu erreichen. Kein Grund ist, die Integration der (Stief-)Familie nach außen zu bekunden, ebenso nicht ein Erklärungsbedarf des Kindes gegenüber Mitschülern, da mögliche Hänseleien nur vorübergehender Art seien.« Der gleiche Autor führt folgende Gründe an, die eine Ersetzung der Zustimmung zur Einbenennung rechtfertigen können: »Als Gründe, die eine Namensänderung rechtfertigen können, finden sich in der Rechtsprechung: Wenn sich der Elternteil kaum um das Wohl des Kindes gekümmert hat, wenn sein Aufenthalt unbekannt ist, wenn er selbst in Folge einer Wiederheirat einen neuen Namen angenommen hat oder selbst keine Gründe vorweisen kann, die gegen die Namensänderung des Kindes sprechen, sondern sich nur pauschal äußert, die Namensänderung werde nicht dem Wohl des Kindes dienen. Ein Grund könnte auch sein, wenn der andere Elternteil von sich aus über Jahre hinweg keinen Kontakt mehr zum Kind aufgenommen hat. Eine Restbindung hängt auch nicht mehr nur noch von den Äußerlichkeiten wie der Namensgestaltung ab. Entscheidend ist eine echte und gelebte Beziehung, die durch die Beibehaltung des Namens unterstrichen werden müsse. Besteht aber kaum noch eine nennenswerte Bindung zum getrennt lebenden Elternteil, ist diese durch eine Einbenennung auch nur noch marginal berührt. Weitere Gründe können gegeben sein, wenn der Vater eine Vaterschaftsanfechtung ankündigt oder durchführt, aber auch Unregelmäßigkeit bei Unterhaltsleistungen.«

Darauf hinzuweisen ist, dass es sich bei all diesen Gründen um Kann-Bestimmungen handelt, die jeweils im Einzelfall geprüft werden müssen.

Adoptionswünsche und ihre Konsequenzen

Die letzte Stufe in der Auseinandersetzung zwischen zwei Elternteilen um ein Kind nach der Scheidung kann ein Adoptionsbegehren sein. Hat z. B. nach einer Trennung und Scheidung die Mutter das Sorgerecht für die Kinder bekommen, die den Umgang mit dem leiblichen Vater verweigern, und heiratet die Mutter wieder, kann der neue Partner der Mutter den Wunsch äußern, die Kinder zu adoptieren, sie »als Kinder anzunehmen«. Dies wird in § 1741 BGB geregelt. Es heißt dort:

> »(1) Die Annahme als Kind ist zulässig, wenn sie dem Wohl des Kindes dient und zu erwarten ist, dass zwischen dem Annehmenden und dem Kind ein Eltern-Kind-Verhältnis entsteht. Wer an einer gesetzes- oder sittenwidrigen Vermittlung oder Verbringung eines Kindes zum Zwecke der Annahme mitgewirkt oder einen Dritten hiermit beauftragt oder hierfür belohnt hat, soll ein Kind nur annehmen, wenn dies zum Wohl des Kindes erforderlich ist.
>
> (2) Wer nicht verheiratet ist, kann ein Kind nur allein annehmen. Ein Ehepaar kann ein Kind gemeinschaftlich annehmen. Ein Ehegatte kann ein Kind seines Ehegatten alleine annehmen. Er kann ein Kind auch dann alleine annehmen, wenn der andere Ehegatte das Kind nicht annehmen kann, weil er geschäftsunfähig ist oder das 21. Lebensjahr noch nicht vollendet hat.«

Nicht selten wird im Vorfeld eines Adoptionswunsches in Stieffamilien der Wunsch nach einer Namensänderung laut und wird ein entsprechender Antrag gestellt, der dann meist aber vom leiblichen Vater zurückgewiesen wird. Gleichsam als »Retourkutsche« wird dann ein Adoptionsbegehren vonseiten des Stiefvaters gestellt. Es gilt aber auch bei der Adoption, wie bei der »Einbenennung« (Namensänderung), dass beide leiblichen Elternteile einwilligen müssen. Dies ist in § 1747 BGB (Einwilligung der Eltern des Kindes) festgehalten, wenn es heißt:

> »(1) Zur Annahme eines Kindes ist die Einwilligung der Eltern erforderlich ...«

Das Vormundschaftsgericht kann aber auch auf Antrag des betreffenden Kindes die Einwilligung eines Elternteils ersetzen. Dies wird in § 1748 BGB geregelt, wo es heißt:

> »(1) Das Vormundschaftsgericht hat auf Antrag des Kindes die Einwilligung eines Elternteils zu ersetzen, wenn dieser seine Pflichten gegenüber dem Kind anhaltend gröblich verletzt hat oder durch sein Verhalten gezeigt hat, dass ihm das Kind gleichgültig ist, und wenn das Unterbleiben der Annahme dem Kind zu unverhältnismäßigem Nachteil gereichen würde. Die Einwilligung kann auch ersetzt werden, wenn die Pflichtverletzung zwar nicht anhaltend, aber besonders schwer ist und das Kind voraussichtlich dauernd nicht mehr der Obhut des Elternteils anvertraut werden kann ...«

Mit der Einwilligung zur Adoption verliert der nicht-sorgeberechtigte geschiedene Elternteil automatisch sein Recht auf Umgang mit dem Kind. Er muss dann aber auch keine Unterhaltszahlungen mehr leisten. Mit anderen Worten, alle Rechte und Pflichten gegenseitiger Art zwischen Elternteil und Kind werden aufgehoben: So brauchen adoptierte Kinder nicht für den Elternteil im Alter aufzukommen, müssen ihn nicht versorgen, wenn dieser der Adoption zugestimmt hat. Damit bedeutet der Schritt zur Adoption die »größtmögliche Entfremdung von diesem Elternteil«.

Der Wunsch vonseiten der Kinder, durch den Stiefvater oder die Stiefmutter adoptiert zu werden, entsteht meist dann, wenn ein radikaler, endgültiger Bruch in der Beziehung zwischen Kind und Elternteil entstanden ist, aus welchen Gründen auch immer. Gründe hierfür können beim anderen Elternteil liegen, der seinen früheren Partner verteufelt und dies auch auf das Kind im Sinne einer Induktion überträgt. Die Ursache kann aber auch bei jenem Elternteil liegen, der nicht das Sorgerecht hat und die neue Stieffamilie massiv bekämpft. Schließlich kann das Adoptionsbegehren (dies wird meistens der Fall sein) vom Kind selbst ausgehen, wenn es vom nicht-sorgeberechtigten Elternteil maßlos enttäuscht ist und sich total gegen ihn abzugrenzen versucht. Ähnlich wie ein Namensänderungsbegehren, jedoch noch radikaler, bedeutet das Adoptionsbegehren nach einer Scheidung den völligen Bruch mit diesem Elternteil und eine totale Entwertung des Betreffenden.

Die Problematik und die Dynamik eines Adoptionsbegehrens soll anhand eines weiteren Beispiels aufgezeigt werden:

> Der vierte Ehemann einer Mutter, die in ihrer zweiten Ehe mit dem Kindsvater verheiratet war (es war seine dritte Ehe), beantragte die Adoption für seine zwei Stiefkinder Max (16 Jahre alt) und Moritz (14 Jahre alt). Der leibliche Vater war ebenfalls zum vierten Mal verheiratet. Er hatte seit sechs Jahren keinerlei Kontakt mehr zu seinen Söhnen, hatte auf Anraten eines damaligen Psychotherapeuten seiner Kinder sein Umgangsrecht ruhen lassen, nachdem nach der Scheidung (das Sorgerecht wurde der Mutter zugesprochen) die Umgangskontakte immer schwieriger geworden waren und die Kinder sich geweigert hatten, den Vater zu besuchen. Der dritte Ehemann der Mutter hatte Max und Moritz sexuell missbraucht und dem leiblichen Vater damals mit Wissen der Kindsmutter Hausverbot erteilt. Diese Situation hatte mit zum Erliegen der Umgangskontakte geführt. Der Vater hatte auf Anregung des Therapeuten von Max damals einen Brief an den Jungen geschrieben und ihm mitgeteilt, er habe ihm »die Tür nicht verschlossen«. Dieser Brief wurde an die Großmutter mütterlicherseits geschickt, die die Kinder mit betreute. Strittig zwischen beiden leiblichen Elternteilen war, ob der zweite Sohn Moritz tatsächlich vom leiblichen Vater abstammte. Es wurde jedoch nie ein Vaterschaftsgutachten durchgeführt, und der Vater hatte jahrelang Unterhalt gezahlt, bis er wegen einer vorübergehenden Erkrankung seinen Beruf aufgeben musste und zum Sozialfall wurde.

Die Frage des Gerichts an den kinder- und jugendpsychiatrischen Sachverständigen lautete, ob die vom Stiefvater angestrebte Annahme der Kinder deren Wohl entspräche und das Unterbleiben der Annahme den Kindern zu unverhältnismäßigem Nachteil gereichen würde. Beide Kinder hatten damals im Rahmen eines Umgangsbegehrens durch den Vater psychosomatische Symptome gezeigt, sie entwickelten ein »Besuchsrechts-Syndrom«, was als solches nicht erkannt wurde. Offenbar hatte es der Vater nicht mehr gewagt, erneut mit den Kindern in Kontakt zu treten, nachdem sein Brief nicht beantwortet wurde. Drei Jahre vor dem jetzigen Adoptionsbegehren war es zu einem Namensänderungsbegehren für beide Söhne gekommen – im Sinne einer »Einbenennung« –, das der leibliche Vater abblockte. Der Vater hatte die Begutachtung angestrengt, um in diesem Rahmen womöglich ein letztes Mal mit seinen Kindern zusammenzukommen. Max hatte nach der vierten Heirat seiner Mutter in der Schule bereits den neuen Namen der Mutter als seinen eigenen Namen angegeben und wurde diesbezüglich, als die Sache aufflog, »zurückgepfiffen«. Auf die Frage, was Max mit der Adoption verbinde, hatte er dem Sachverständigen mitgeteilt: »Das richtige Leben mit dem Stiefvater, und dann bin ich den leiblichen Vater los.«

Unter psychologischen Aspekten ist es eine Illusion, wenn Max glaubt, er könne mit der Adoption den leiblichen Vater loswerden: Sein inzwischen gestörtes Verhältnis zum Vater führte zu einem extrem negativen »inneren Bild« vom Kindsvater, das aber nicht durch eine Adoption einfach »abgeschüttelt« werden kann. Der Kindsvater hatte zu Max stets die bessere Beziehung und hielt zu ihm auch noch länger nach der Scheidung Kontakt. Moritz kannte seinen Vater kaum.

In der entscheidenden Sitzung zwischen Vater und Söhnen im Beisein des Sachverständigen teilte Herr X seinen Kindern mit, er habe sie in den letzten Jahren nur deswegen nicht besucht, weil er auf seinen Brief keine Antwort bekommen habe. Diesen Brief habe er geschrieben, da der Therapeut von Max ihm dazu geraten habe. Der Vater bot nun den Kindern an, sie dürften heute entscheiden, ob er noch weiteren Kontakt zu ihnen haben werde oder nicht, unabhängig davon, wie das Gericht bezüglich der Adoptionsfrage entscheide. Er teilte ferner den Kindern mit, dass er schwer erkrankt sei und dass seine Lebenserwartung ganz erheblich verkürzt sei. Er würde sich Umgang mit ihnen wünschen. Moritz teilte dem Vater mit, er könne mit der Adoption warten, bis er 18 Jahre alt sei, während Max äußerte, er wolle »die Sache mit der Adoption so schnell wie möglich hinter sich bringen, wolle vom Stiefvater adoptiert werden«. Daraufhin äußerte Moritz: »Ich möchte es eigentlich auch so schnell wie möglich hinter mich bringen. Wenn es halt nicht funktioniert, kann ich auch warten bis 18!«

Auf Wunsch der Kinder und des Kindsvaters wurde die Kindsmutter ins Gespräch mit eingebunden und über den Vorschlag informiert, den der Vater den Kindern unterbreitet hatte: Sie sollten entscheiden, wie es weitergehe, ob sie noch Kontakt zu ihrem leiblichen Vater haben wollten. Der Mutter wurde auch mitgeteilt, dass der Vater jedem seiner Söhne einen gesonderten Brief schreiben werde, um noch einmal seine Gründe, warum er sich sechs Jahre lang nicht gemeldet habe, deutlich zu machen.

Im Gespräch der Kinder alleine mit dem Vater hatte Moritz die Vaterschaftsproblematik aufgegriffen und den Vater Folgendes gefragt: »Du hast doch gesagt, dass ich nicht dein Sohn bin, warum lässt du dann nicht die Adoption zu?« Herr X antwortete: »Wenn eine Mutter schwanger ist mit dem Kind, und zwei Monate später schmeißt sie den Vater raus, dann ist doch etwas komisch« (die Trennung der Eltern war mit dem Bekanntwerden der Schwangerschaft durch die Mutter erfolgt). Daraufhin meinte Moritz, er wolle einen Vaterschaftstest, was der Vater dem Sohn grundsätzlich zubilligte.

Bei der Verabschiedung reichte der Vater Max und Moritz jeweils die Hand. Die Söhne wiesen diese nicht ab, sondern ergriffen sie und schauten ihren Vater auch beim Abschied an.

Es stellte sich heraus, dass Max eine intensivere Beziehung zum Vater vor und nach der Scheidung hatte als der jüngere Bruder Moritz. So hatte der Kindsvater Max 1 ½ Jahre lang mitbetreut – anders als seinen Sohn Moritz, der ihn nach der Trennung nur als »Wochenend-Daddy« kannte. Dies führte dazu, dass der Kindsvater sich mehr mit Max befasste und damit bei Moritz das Gefühl aufkommen konnte, der Vater möge ihn weniger oder gar nicht. Diese Zurücksetzung gegenüber dem Bruder wurde noch durch den Verdacht, Herr X sei gar nicht der leibliche Vater, verstärkt. Um für sich Gewissheit zu haben, ob er tatsächlich der leibliche Vater von Moritz sei, war er auf das Ergebnis eines Vaterschaftstests angewiesen. Alleine das Anzweifeln der Vaterschaft hätte schon ausgereicht, um eine Adoption zu ermöglichen und die fehlende Einwilligung des Vaters durch die Behörden zu ersetzen. Der Wunsch des Sohnes Moritz, über seine eigene Identität Gewissheit zu haben, machte deutlich, dass der Jugendliche sehr wohl ein großes Interesse an Herrn X hatte. Würde sich für Moritz herausstellen, dass Herr X nicht der leibliche Vater sei, hätte die Mutter ihn bislang nicht über seinen biologischen Vater aufgeklärt, und er wäre auch nicht der Vollbruder, sondern nur der Halbbruder von Max. Herr X wusste, dass er in den sechs Jahren alles verloren hatte, und »spielte seinen letzten Trumpf« aus: seine Erkrankung und die erheblich verminderte Lebenserwartung, die womöglich Mitleid bei den Kindern hervorrufen würde oder, insbesondere für Moritz, auch die Neugierde wecken könnte, noch zu Lebzeiten des Vaters Klarheit über die eigene Herkunft zu erzielen.

Die Kinder wollten im neuerlichen Kampf um das Adoptionsbegehren – nachdem das Namensänderungsbegehren abgelehnt worden war – der Mutter und ihrem neuen Ehemann nicht in den Rücken fallen, sahen aber auch das Bemühen des Vaters, wieder in Kontakt mit ihnen zu kommen. Hätten sie den Vater völlig abgelehnt, hätten sie ihm den Handschlag beim Abschied wohl verweigert. Der Gutachter empfahl dem Gericht, noch keine Entscheidung zu treffen, sondern abzuwarten, ob der Vater seinen Söhnen tatsächlich einen Brief schreibe, um zu sehen, wie gegebenenfalls die Reaktion der Söhne hierauf ausfallen werde. Herr X hatte aber seinerseits einem Urteil des Gerichtes vorausgegriffen, indem er seinen Kindern zubilligte, sie dürften entscheiden, ob sie Kontakt mit ihm haben wollten oder nicht, er werde dann auch gegebenenfalls einer Adoption zustimmen.

7 Das Kind im Familienrechtsverfahren

Für viele Kinder bedeutet es eine zusätzliche Belastung, wenn es zu gerichtlichen Auseinandersetzungen in Familienrechtsverfahren kommt: Die Kinder müssen mit Mitarbeitern des Jugendamtes sprechen, werden unter Umständen vor Gericht angehört oder sie werden in einen Gutachtenprozess miteinbezogen, werden dadurch mehrfach befragt, psychologisch getestet und es kommt zu Begegnungen, gelegentlich auch »Gegenüberstellungen« mit jenem Elternteil, den sie vielleicht ablehnen oder gar hassen. Werden den Kindern dann die gegenseitigen Vorwürfe der Eltern mitgeteilt, lesen sie womöglich die Anträge der Rechtsvertreter ihrer Elternteile oder erfahren sie vielleicht sogar direkt oder indirekt, dass der Vorwurf eines sexuellen Missbrauchs erhoben wurde, so bedeutet dies eine ganz erhebliche Verunsicherung und zusätzliche Belastung. Aus diesem Grund ist es erforderlich, dass die Kinder von ihren Elternteilen altersadäquat und sachlich richtig informiert werden, wenn es denn zu einer Anhörung vor Gericht kommt, ein Verfahrenspfleger bestellt oder ein Gutachten in Auftrag gegeben wird. Auf diese Situation soll nun näher eingegangen werden.

Anhörung des Kindes vor Gericht

Sind sich die Eltern in einem Sorgerechtsstreit über ihr Kind uneinig, gelingt es ihnen nicht, durch die Vermittlung des Jugendamtes oder des Gerichts eine einvernehmliche Lösung zu finden, so *kann* das Gericht das Kind anhören, wenn es unter 14 Jahre alt ist. Es *muss* das Kind anhören, wenn es bereits Jugendlicher ist, also über 14 und noch nicht 18 Jahre alt ist. Dies ist in § 50 b des Gesetzes über die Angelegenheiten der freiwilligen Gerichtsbarkeit (FGG) geregelt.

Bei strittigem Sorgerecht der Eltern darf vonseiten des Gerichts von einer Befragung der Kinder unter 14 Jahren aus schwerwiegenden Gründen abgesehen werden, d.h. wenn durch die Befragung selbst das Kindeswohl gefährdet werden könnte. Dies muss dann im Beschluss des Gerichts begründet werden. In der Praxis der Familiengerichte werden Kinder unter drei Jahren in aller Regel nicht angehört. Sind Kinder z.B. sehr ängstlich oder gar mutistisch (sie sprechen nicht, obwohl sie sprechen können, es liegt eine Sprechverweigerung vor) oder haben sie ein schweres Asthmaleiden, das durch Stresssituationen immer wieder ausbricht, wird der Richter wohl im Einzelfall von einer Anhörung absehen.

Möchte ein Familienrichter ein Kind im Alter von drei oder vier Jahren z.B. nicht persönlich anhören, so kann er eine Anhörung durch die Hinzuziehung eines Sachverständigen oder einer Person, die mit Kindesvernehmungen vertraut ist, durchführen.

Viele Familienrichter tragen der besonderen Situation Rechnung und versuchen eine kindgerechte Atmosphäre zu schaffen, indem sie z.B. bei Oberlandesgerichten ihre erhöhten Plätze verlassen und sich neben das Kind setzen. Die anhörenden Richter werden alles tun, um so schonend wie möglich und so wenig ängstigend, wie es nur geht, das Kind zu befragen. Trotzdem kann es geschehen, dass beim Kind Ängste oder Schuldgefühle entstehen, wenn es Sorge hat, dass es den Eltern weggenommen wird oder dass durch seine Angaben ein Elternteil besser wegkommt als der andere. Als günstig hat es sich erwiesen, wenn in schwierigen Umgangsrechts- bzw. Sorgerechtsstreitigkeiten Verfahrenspfleger bestellt werden, die dann auch bei einer Anhörung eines Kindes mit dabei sein können. Dies hat den Vorteil, dass die Kinder die Verfahrenspfleger/innen bereits gut kennen, mit ihnen vertraut sind und damit eine entspannte Anhörungssituation hergestellt werden kann.

Weigern sich Kindern im Laufe eines Gutachtenprozesses, mit dem Sachverständigen in Kontakt zu treten, so kann im Einzelfall auch der Auftraggeber des Gutachtens (das Familiengericht) eine Anhörung des Kindes vor dem Familiengericht anordnen und zu dieser Anhörung den Sachverständigen laden. Dies wird aber eine seltene Ausnahme sein.

Verfahrenspflege für das Kind

Der Verfahrenspfleger ist »Anwalt bzw. Interessenvertreter des Kindes« und wird seit dem neuen Kindschaftsrechtsreformgesetz vom 1.7.1998 in hochstrittigen Familienrechtsverfahren eingesetzt: bei Sorgerechts- und Umgangsrechtsverfahren, bei drohendem Entzug des Aufenthaltsbestimmungsrechts, bei der Wegnahme eines Kindes aus der Pflegefamilie sowie in einigen Spezialfällen wie z. B. bei einer Adoption oder bei einer Herausnahme des Kindes aus dem familiären Rahmen, die mit Freiheitsentzug verbunden ist. Die entsprechende gesetzliche Vorschrift findet sich in § 50 des Gesetzes über die Angelegenheiten der freiwilligen Gerichtsbarkeit (FGG) [Bestellung eines Pflegers] und lautet:

> »(1) Das Gericht kann dem minderjährigen Kind einen Pfleger für ein seine Person betreffendes Verfahren bestellen, soweit dies zur Wahrnehmung seiner Interessen erforderlich ist.
>
> (2) Die Bestellung ist in der Regel erforderlich, wenn
>
> 1. das Interesse des Kindes zu dem seiner gesetzlichen Vertreter in erheblichem Gegensatz steht,
> 2. Gegenstand des Verfahrens Maßnahmen wegen Gefährdung des Kindeswohls sind, mit denen die Trennung des Kindes von seiner Familie oder die Entziehung der gesamten Personensorge verbunden ist (§§ 1666, 1666 a des Bürgerlichen Gesetzbuches), oder
> 3. Gegenstand des Verfahrens die Wegnahme des Kindes von der Pflegeperson (§ 1632 Abs. 4 des Bürgerlichen Gesetzbuches) oder von dem Ehegatten oder Umgangsberechtigten (§ 1682 des Bürgerlichen Gesetzbuches) ist.
>
> Sieht das Gericht in diesen Fällen von der Bestellung eines Pflegers für das Verfahren ab, so ist dies in der Entscheidung zu begründen, die die Person des Kindes betrifft.

(3) Die Bestellung soll unterbleiben oder aufgehoben werden, wenn die Interessen des Kindes von einem Rechtsanwalt oder einer anderen geeigneten Verfahrensbevollmächtigten angemessen vertreten werden.

(4) Die Bestellung endet, sofern sie nicht vorher aufgehoben wird,

1. mit der Rechtskraft der das Verfahren abschließenden Entscheidung oder
2. mit dem sonstigen Abschluss des Verfahrens.«

Es wird vonseiten des Gerichtes erwartet, dass alle Maßnahmen, Handlungen und Aktivitäten des Verfahrenspflegers sich alleine am Kindeswohl orientieren. Der Verfahrenspfleger vermittelt dem Gericht den Willen und die Wünsche sowie eigenständige Interessen des Kindes. Der Gesetzgeber sah sich veranlasst, dem Kind einen Anwalt zur Seite zu stellen, und zwar für den Fall, dass erhebliche Gegensätze zwischen den Interessen des Sorgeberechtigten und den Kindesinteressen festzustellen sind. Dies kann beispielsweise beim Verdacht auf sexuellen Missbrauch oder bei Kindesmisshandlungen der Fall sein. Es tritt dann für die Durchführung eines familiengerichtlichen Verfahrens der Verfahrenspfleger an die Stelle des gesetzlichen Vertreters, ohne jedoch so weitreichende Rechte wie ein Ergänzungspfleger im Strafverfahren zu haben, der beispielsweise entgegen dem erklärten Willen der Eltern für das Kind Aussagegenehmigungen erteilen kann. Damit hat der Verfahrenspfleger in Ergänzung bzw. gelegentlich auch anstelle des Personensorgeberechtigten die Kindesinteressen in das Gerichtsverfahren einzubringen.

Jeder Verfahrenspfleger – meist handelt es sich um Sozialpädagogen, Mediatoren oder Juristen – sollte zu Beginn seiner Tätigkeit sowohl das von ihm zu vertretende Kind als auch dessen Familie umfassend über seine Rolle und Funktion aufklären.

Beklagt sich z. B. ein Elternteil darüber, dass der andere ihm im Rahmen seines Besuchsrechtes das Kind vorenthält, kann ein Verfahrenspfleger diese Situation aus der Perspektive der Kinder beurteilen und dann dem Gericht und den Eltern entsprechende Vorschläge unterbreiten. Wie die Mitarbeiter des Sozialen Dienstes – die in strittigen Familienrechtsverfahren die Eltern beraten und dabei aus der

Sicht der betroffenen Elternteile Partei für einen Elternteil ergreifen – wird auch der Verfahrenspfleger gelegentlich als jemand angesehen, der für einen Elternteil Partei nimmt. Dies liegt in der Natur der Sache. Es kann aber auch vorkommen, dass Jugendamtsmitarbeiter und Verfahrenspfleger völlig gegensätzliche Auffassungen vertreten und dem Gericht gegenüber zu unterschiedlichen Empfehlungen kommen, wie das folgende Beispiel illustriert:

> Die 15-jährige Christine und ihre 16-jährige Schwester Lore lebten bei gemeinsamem Sorgerecht der Eltern seit zwei Jahren beim leiblichen Vater und dessen neuer Partnerin, mit welcher er ein weiteres gemeinsames Kind hatte. Die leibliche Mutter hatte nach der Scheidung das Aufenthaltsbestimmungsrecht für Christine und Lore erhalten. Ihr wurden dann aber infolge desolater Familienverhältnisse mit dem Einverständnis des Vaters, der zu diesem Zeitpunkt die Kinder nicht bei sich aufnehmen konnte, beide Kinder weggenommen und in einem Heim untergebracht. Nach sechs Jahren im Heim hatte dann der Vater die Kinder auf deren Wunsch mit Billigung der Mutter bei sich aufgenommen. Bei einem der seltenen Besuche der Mutter beim Vater teilte Lore der Mutter mit, der Vater würde sie beide misshandeln. Die Mutter benachrichtigte daraufhin das Jugendamt, das überraschend mit der Polizei beim Vater auftauchte. Bei einer Gegenüberstellung mit dem Vater in Gegenwart des Jugendamtes und der Polizei wagte Lore es nicht, ihren Vorwurf zu wiederholen. Gleichwohl wurde sie aber vom Jugendamt dem Vater weggenommen, der hell entsetzt über seine Tochter war und nichts gegen eine Heimeinweisung hatte. Christine hingegen, die vom Jugendamt auch mitgenommen werden sollte, flüchtete sich in die Arme des Vaters und versicherte, der Vater habe sie nie geschlagen, ihre Beule am Auge habe ihr die Schwester zugefügt. Es wurde nunmehr eine Verfahrenspflegerin für Christine eingesetzt, die anders als das Jugendamt zu der Auffassung kam, Christine solle dem Vater nicht weggenommen werden. Dennoch beschloss das Gericht, auch Christine in ein Heim zu verbringen, wogegen die Verfahrenspflegerin beim zuständigen Oberlandesgericht Beschwerde einlegte. Das Oberlandesgericht gab dieser Beschwerde statt und ordnete an, dass Christine bis auf weiteres beim Vater bleiben dürfe,

dass ein entsprechendes Sachverständigengutachten aber die Situation »klären« sollte.

Die Verfahrenspflegerin war nach vielen Besuchen bei der 15-Jährigen zu der Auffassung gelangt, dass keine akute Gefahr der Misshandlung durch den Vater bestehe und dass es sowohl der verbale als auch der »wahre Willen« des Mädchens sei, beim Vater und seiner neuen Partnerin zu bleiben. Ein Sachverständigengutachten kam zu dem gleichen Ergebnis.

Die Entscheidung, ob im Einzelfall eher eine Verfahrenspflegerin oder ein Verfahrenspfleger eingesetzt werden sollte, liegt zum einen im Ermessen des Gerichts, das den Einzelfall würdigen muss, hängt aber auch von den realen Gegebenheiten ab, z. B. davon, inwieweit ein Verfahrenspfleger oder eine Verfahrenspflegerin in der nahen Umgebung des Kindes zur Verfügung steht. Wenn der Vorwurf auf sexuellen Missbrauch erhoben wurde und z. B. ein Mädchen mit entsprechenden Äußerungen zu diesem Verdacht beigetragen hat, wäre es gegebenenfalls günstiger, hier eine Verfahrenspflegerin einzusetzen. Geht es im Gerichtsverfahren um ein Kind, das der deutschen Sprache nicht ganz mächtig ist (z. B. bei einer Migrantenfamilie), so wäre diesem Umstand Rechnung zu tragen und zu fordern, dass die Verfahrenspflegerin oder der Verfahrenspfleger die Sprache des Kindes spricht.

Aus einer Befragung von Kindern über ihre Verfahrenspfleger/innen geht Folgendes hervor: Die Kinder wünschen sich, dass der Verfahrenspfleger nett, freundlich und sympathisch sein soll, dass er bei der Gestaltung der Gespräche genügend Geduld aufbringt sowie Sicherheit und konkrete Unterstützung vermitteln kann. Die Kinder wollen bei den Kontakten mit dem Verfahrenspfleger aktiv mitsprechen können und legen Wert darauf, dass ihre Meinung auch akzeptiert wird und ihnen Respekt und Verständnis entgegengebracht wird. Sie sehen den Verfahrenspfleger als »Sprachrohr«, das ihren Willen weiterleiten soll (Balloff & Stötzel 2002).

Es kommt zur Familienrechtsbegutachtung

Schätzungen zu Beginn der 90er-Jahre gingen davon aus (Balloff 1992), dass in den damaligen westlichen Bundesländern bei ca. 3 bis höchstens 10 % aller Sorgerechtsregelungen Sachverständigengutachten vom Gericht in Auftrag gegeben wurden. 1997 wurden laut Statistischem Bundesamt 187.802 Ehen geschieden, davon 105.000 Ehen mit Kindern. Dies würde bedeuten, dass 1997 womöglich zwischen 3.150 und 10.500 Sorgerechtsgutachten erstellt wurden. Auch wenn man nur von einem Prozentsatz von 3 % ausgeht, mussten vermutlich weit über 3.000 Kinder (in der Bundesrepublik gibt es in jeder Ehe im Durchschnitt 1,4 Kinder) eine Sorgerechtsbegutachtung über sich ergehen lassen. Es stellt sich in diesem Zusammenhang die Frage, was dies für die betroffenen Familien und insbesondere die Kinder bedeutet. Dies soll im Folgenden weiter ausgeführt werden.

Ablauf eines Umgangs- bzw. Sorgerechtsgutachtens

Immer dann, wenn das Familiengericht im Rahmen einer Familienrechtsauseinandersetzung der Auffassung ist, dass eine Entscheidung auf der Grundlage der Darstellungen der betroffenen Elternteile, der Äußerungen der Kinder und der Stellungnahmen vonseiten des Jugendamtes nicht möglich ist, kommt es zu einem Sachverständigengutachten. Ein solches Gutachten können aber auch die Eltern selbst bzw. ihre Rechtsvertreter beantragen, und häufig entspricht das Gericht, wenn gute Gründe hierfür vorhanden sind, einem entsprechenden Antrag auf Einholung eines Gutachtens. Das Gericht gibt normalerweise kein Gutachten in einem Sorgerechtsstreit oder Umgangsrechtsstreit bei einem Gutachter in Auftrag, wenn eine Partei dies grundsätzlich ablehnt und für die Erstellung des Gutachtens dessen Mitarbeit dringend erforderlich ist. Sachverständige in Familienrechtsverfahren sind entweder Psychologen oder Kinder- und Jugendpsychiater, speziell auch Rechtspsychologen. Dies führt dazu, dass im Einzelfall z. B. ein entwicklungspsychologisches, ein familienpsychologisches oder aber ein kinder- und jugendpsychiatrisches Gutachten in Auftrag gegeben wird. Stets ist der Gutachter Helfer des Gerichts. Dies bedeutet, dass er das Gutachten objektiv und unparteiisch nach bestem Wissen und Gewissen zu erstellen hat. Er ist verpflichtet, dem Gericht im Rahmen seiner gutachterlichen Expertise wesentliche Informationen zu geben, insbesondere besteht keine ärztliche Schweigepflicht dem Gericht gegenüber. Dies bedeutet, dass sowohl die Eltern als auch das zu begutachtende Kind vor Beginn der gutachterlichen Untersuchung ausführlich über die Modalitäten der Begutachtung und den Gutachtenauftrag aufzuklären sind. Der Sachverständige macht in seinem schriftlichen Gutachten Vorschläge und gibt Empfehlungen, die das Gericht aufgreifen kann, aber nicht muss. In der überwiegenden Mehrheit der Fälle beschließt das Gericht aber im Sinne der Empfehlung. Vom erstellten Gutachten erhalten jeweils der Auftraggeber sowie beide Elternteile eine Ausfertigung, sodass diese mit ihren Rechtsvertretern bis zur entsprechenden Verhandlung Gelegenheit haben, hierzu auch ausführlich Stellung zu nehmen. Falls gewünscht – insbesondere, wenn sich zwischen Abgabe des Gutachtens und der Verhandlung neue wichtige Fakten ergeben haben, die für die Beurteilung relevant sein und letztere in einem anderen Licht erscheinen lassen könnten –, kann das Gericht den Sachverständigen auch zur mündlichen Verhandlung laden oder ihn bitten, eine neuerliche Befragung der betreffenden Personen vorzunehmen.

Folgender Ablauf, der im Einzelnen durchaus situationsentsprechend abgeändert werden kann, kann als Standard gelten: In aller Regel sind mindestens vier Sitzungen notwendig, um ein Sorgerechts- oder Umgangsrechtsgutachten zu erstellen, in vielen Fällen sogar weit mehr Sitzungen. Zunächst werden die Elternteile zu einer Befragung getrennt eingeladen. Der Gutachter hat sich vor der Befragung in der Regel einen Überblick über die Aktenlage verschafft, sodass er gezielte Fragen stellen kann. Es kann aber auch sein, dass er sich zunächst noch einmal in groben Zügen den augenblicklichen Stand der Familiensituation schildern lässt (zumal wenn seit Eingang der Akten vielleicht der Wohnort gewechselt wurde oder neue Partnerschafts-Beziehungen entstanden sind). Der Gutachter wird auf die Beziehungsgeschichte, die Beziehungsdynamik sowie auf die Beziehung des jeweiligen Elternteils zum Kind/zu den Kindern eingehen und die entsprechenden Wünsche und Perspektiven des betroffenen Elternteils sowie seine Vorstellungen zu Lösungsmöglichkeiten erfragen. Nachdem auch der zweite Elternteil die Möglichkeit hatte, seine Sichtweise kundzutun, wird in einer 3. und 4. Sitzung das Kind mit dem einen und dann mit dem anderen Elternteil zur Begutachtung geladen. Neben einer Interaktionsbeobachtung (insbesondere bei kleineren Kindern) wird das Kind, nachdem es im Beisein eines Elternteils altersentsprechend über den Gutachtenauftrag aufgeklärt wurde, vom Sachverständigen befragt und testpsychologisch untersucht. Wie ausführlich diese testpsychologische Untersuchung ausfällt, hängt ganz von der Fragestellung ab, vom Alter des Kindes und seiner Mitarbeit sowie seinen intellektuellen Fähigkeiten. Jedem Sachverständigen steht es frei, für die Beantwortung der gerichtlichen Fragestellung diejenigen Erhebungsinstrumente zu wählen, die aus seiner Sicht erforderlich sind. Dies bedeutet, dass ein familientherapeutisch geschulter Sachverständiger im Vergleich zu einem psychoanalytisch orientierten Kinder- und Jugendpsychiater unterschiedliche Befragungsarten und unterschiedliche Tests anwendet, mit denen er Beziehungen, Ängste, Befürchtungen etc., die das Kind eventuell umtreiben, erheben möchte. Der Sachverständige macht sich in aller Regel während der Befragungen und während der testpsychologischen Untersuchung schriftliche Aufzeichnungen. Er kann aber auch im Einzelfall, wenn er dies für notwendig erachtet, ein Band mitlaufen lassen, um z. B. Interaktionen zwischen dem Kind und seinen Eltern vollständig zu erfassen (erwähnt sei, dass bei Glaubhaftigkeitsbegutachtungen Tonbandaufnahmen die Regel sind).

Hat der Sachverständige das Kind mit jedem Elternteil in Interaktion gesehen und es zweimal befragt und getestet, kann sich unmittelbar an die 4. Sitzung ein Abschlussgespräch mit beiden Elternteilen anschließen. Hierin teilt der Sachverständige den Eltern die wesentlichen Ergebnisse seiner Untersuchungen mit, um ihnen Gelegenheit zu geben, nachzufragen und eventuell auch daran mitzuwirken, bei gleichem Stand der Informationen nunmehr doch noch eine einvernehmliche Lösung zu erzielen, die dann dem Gericht vorgeschlagen werden kann. Letzteres kommt in der Praxis allerdings relativ selten vor. Es kann z. B. sein, dass ein Elternteil oder beide es ablehnen, einander in einem Raum zu begegnen, sei es, dass es einen zu großen Stressfaktor für sie bedeuten würde, sei es, dass sie nicht dafür garantieren können, entsprechend vernünftig zu reagieren. Eine gemeinsame Abschlussbesprechung mit dem Sachverständigen stellt nur ein Angebot dar. Wird sie nicht gewünscht, können auch in kurzen getrennten Sitzungen die Ergebnisse der wesentlichen Punkte mitgeteilt werden. Es ist aber auch durchaus möglich, dass der Sachverständige in solch einer Abschlusssitzung noch keine endgültigen Schlussfolgerungen präsentieren kann und nochmals die Akten genau studieren bzw. die Testergebnisse erst im Detail ausarbeiten muss.

Insbesondere bei kleinen Kindern sollte zunächst eine Sitzung zur allgemeinen Kontaktaufnahme eingeplant werden. Erst in einer zweiten Sitzung, die zeitnah erfolgen sollte, kann dann womöglich mit den gutachterlichen Untersuchungen begonnen werden. Hausbesuche gehören nicht obligatorisch zu einem Sorgerechtsgutachten, können aber sehr wohl indiziert sein, wenn Bedenken aufkommen, die betreffende Wohnung sei nicht kindgerecht oder ein Elternteil würde die Wohnung in einem nicht mehr verantwortbaren Zustand vernachlässigen, er sei z. B. ein »Messy« (eine Person, bei der ein »Vermüllungssyndrom« vorliegt).

Des Weiteren haben häufig nicht nur die Eltern, sondern auch ältere Geschwister, Halbgeschwister oder Großeltern als wesentliche Bezugspersonen für das Kind entscheidende Bedeutung. Wenn nicht bereits im Gutachtenauftrag gefordert, kann der Sachverständige also auch die Großmütter oder die neuen Partner der Elternteile in die Begutachtung miteinbeziehen. Wenn sich diese Möglichkeit im Laufe des Prozesses abzeichnet, wird er sich mit dem Gutachtenauftraggeber diesbezüglich in Verbindung setzen und sich vergewissern, dass dies auch im Sinne des Richters ist.

Sind mehrere Kinder zu begutachten, von denen die einen bei der Mutter, die anderen beim Vater wohnen, wird der Gutachter meist am Ende die Geschwister nochmals zusammen befragen. Für die betroffenen Kinder ist es stets positiv, wenn es gelingt, dass die Eltern ein gemeinsames Abschlussgespräch führen und damit ihren Kindern signalisieren, dass sie wieder miteinander in Anwesenheit Dritter sprechen können. Kinder ab dem späten Kindergartenalter sind meist sehr neugierig, was denn nun der Sachverständige herausgefunden hat und was er den Eltern oder dem Gericht empfehlen wird. Aus diesem Grunde hat es sich auch bewährt, wenn ganz am Ende der Begutachtung, unmittelbar im Anschluss an das Gespräch mit beiden Elternteilen, die betroffenen Kinder nach Rücksprache mit den Eltern ins Gespräch miteinbezogen werden, um ihnen ihre wichtigsten Fragen (Wo werde ich weiterhin wohnen? Werden wir getrennt? etc.) zu beantworten. Immer wird der Sachverständige darauf hinweisen, dass er lediglich eine Empfehlung ausspricht und der Richter die Entscheidung fällen werde.

Ist bei der zu begutachtenden Familie ein(e) Verfahrenspfleger(in) mitbeteiligt, wird der Sachverständige sich in der Regel mit diesem (dieser) in Verbindung setzen, es sei denn es liegt eine ganz aktuelle schriftliche Stellungnahme vom »Anwalt des Kindes« vor.

Viele Eltern fragen sich, wie sie ihre Kinder auf die Begutachtung vorbereiten können, was sie ihnen mitteilen oder nicht mitteilen sollen. Je nach Alter wird die Antwort unterschiedlich ausfallen: So kann z.B. einem Kind im Alter von 5 bis 6 Jahren mitgeteilt werden, der Gutachter solle im Streit der Eltern mithelfen zu überlegen, was für das Kind das Beste sei, wo es überwiegend wohnen solle oder wie häufig es Mama oder Papa besuchen sollte. Der Gutachter werde sich mit dem Kind unterhalten, werde es danach fragen, was es wünscht, werde mit ihm spielen und es würden auch die Mutter und der Vater mit dem Kind in Anwesenheit des Gutachters spielen. Wichtig erscheint auch der Hinweis für kleine Kinder, dass, wenn der Gutachter alleine mit dem Kind spricht, der betreffende Elternteil vor dem Zimmer wartet und das Kind auch jederzeit, wenn es dies möchte, zu diesem gehen kann.

Eine körperliche, klinische Untersuchung durch einen medizinischen Sachverständigen ist im Rahmen einer Umgangs- oder Sorgerechtsentscheidung nicht von vornherein vorgesehen. Es kann aber vorkommen, dass das Kind körperliche oder psychische Auffälligkeiten zeigt, die dann in Absprache mit dem betreffenden Elternteil durch den Sachverständigen weiter diagnostisch abgeklärt werden. Primär hat sich der Sachverständige auf die Beantwortung der Fragestellung des Gerichts zu beschränken. Es geht nicht darum, eine »allumfassende« Diagnostik zu erstellen, auch wenn im Einzelfall eine neurologische Untersuchung oder eine EEG-Ableitung bzw. eine EKG-Untersuchung dringend angeraten sind, eventuell auch vom Sachverständigen selbst vorgenommen werden können.

Es hat sich stets als vorteilhaft erwiesen, den Betreffenden am Untersuchungstag den Ablauf der Untersuchungen zu erklären, sie zu informieren, wie lange die Sitzung dauern wird und wie die Begutachtung weitergeht.

Wenn im Rahmen eines Sorgerechtsgutachtens nach der Erziehungsfähigkeit der Eltern gefragt wird und der Verdacht besteht, die Betreffenden seien psychisch krank, kann vonseiten des Sachverständigen eine testpsychologische Untersuchung der Elternteile vorgeschlagen werden, in welche die Betreffenden aber einwilligen müssen.

Bei hochproblematischen Umgangsrechtsgutachten kommt es immer wieder vor, dass die Kinder nicht bereit sind, mit dem sorgeberechtigten Elternteil beim Gutachter zusammenzukommen. Generell ist es dann Aufgabe des Gutachters, den betreffenden Elternteilen zu erklären, dass eine ordnungsgemäße Begutachtung nur dann durchgeführt werden kann, wenn der Gutachter die Interaktion zwischen den Kindern und beiden Elternteilen beobachten und beurteilen kann. Oft sind es induzierte Ängste oder Schuldgefühle, die es dem Kind schwer machen, dem Vater oder der Mutter unter die Augen zu treten. Gelegentlich wird sich der Sachverständige dazu entschließen, ein Kind den Freund oder eine Freundin mitbringen zu lassen, um diese Angst zu überwinden, vorausgesetzt, die Eltern des befreundeten Kindes sind hiermit einverstanden. In manchen Fällen kann es aber auch ein weitläufiger Verwandter oder ein Pate sein, der dann zunächst das Kind begleitet, um in einem zweiten Schritt doch noch eine alleinige Begegnung mit dem Besuchsberechtigten und dem Sachverständigen zu ermöglichen. Der Sachverständige kann aber das

Kind nicht zwingen, einer solchen Begegnung zuzustimmen. Wenn das Kind weiß, dass der Besuchsberechtigte an es in der Begegnung keinerlei Vorwürfe richten wird und es auch gar nicht antworten muss, wenn der betreffende Elternteil Fragen stellt, kann ihm häufig weitestgehend die Angst genommen werden. Der Gutachter ist gehalten, dafür Sorge zu tragen, dass die Untersuchung für das Kind eine möglichst geringe Belastung darstellt. Man wird den jüngeren Kindern entsprechendes altersgemäßes Spiel- und Untersuchungsmaterial anbieten, damit sie dann auch bei Interaktionsbeobachtungen im Spiel mit dem Vater oder mit der Mutter Spaß haben können. Vor allem im Kleinkind- und Vorschulalter wird man häufig eine längere »Anwärmphase« benötigen, bis Kinder akzeptieren, dass die Elternteile außerhalb des Zimmers warten, und mit dem Sachverständigen zu spielen beginnen. Bei Säuglingen wird man in aller Regel auf eine Trennung der Bezugsperson vom Kind verzichten und sich bei der Untersuchung darauf beschränken, wie die Interaktion zwischen Elternteil und Säugling verläuft.

Werden von einer Partei schwere Vorwürfe in Bezug auf eine psychische Erkrankung oder Sucht vorgebracht und war der betreffende Elternteil, um den es geht, in psychiatrischer Behandlung, sei es ambulant oder stationär, kann es auch hilfreich sein, den entsprechenden Brief des behandelnden Arztes oder der Klinik einzusehen. Dies kann nur dann geschehen, wenn der betreffende Elternteil, der in medizinischer Behandlung war, hierzu seine Einwilligung gibt.

Gelegentlich wird im Rahmen eines Gutachtens auch vonseiten des Gerichts nicht nur auf eine diagnostische Abklärung der Situation gedrängt, sondern auch um eine Interventionsbemühung gebeten (Interventionsgutachten). Mit Zustimmung der Eltern beauftragt das Gericht dann den Sachverständigen, eine Lösung zu suchen. Dies setzt voraus, dass ein Vertrauensverhältnis zwischen Sachverständigem und den Beteiligten aufgebaut werden kann. Diese Aufgabe wird nur dann gelingen, wenn sich der Gutachter als neutraler Vermittler versteht, dem gegenüber beide Parteien ihre unterschiedlichen Standpunkte vertreten und anbringen können. Ohne ein Mindestmaß an Vertrauen auf beiden Seiten ist ein solches Bemühen nicht erfolgreich.

Im schriftlichen Gutachten wird neben der Fragestellung ein kurzer Aktenauszug mit Tatsachen, an die angeknüpft werden kann, sowie der Ablauf der Untersuchung aufgeführt; die wesentlichen Ergebnisse werden ferner festgehalten und diskutiert. Die Aussagen, die in den Befragungen seitens des Vaters und der Mutter gemacht werden, werden im schriftlichen Gutachten im Konjunktiv formuliert (Herr X gab an, seine Frau habe ...). Nicht selten wird von den Eltern beim Lesen des Gutachtens angenommen, es handele sich dabei bereits um eine Wertung des Sachverständigen, so als ob sich dieser die Meinung eines Elternteils zu Eigen gemacht hätte. Eine Bewertung erfolgt aber erst am Ende des Gutachtens. Generell werden im schriftlichen Gutachten die erhobenen Befunde und Testergebnisse zunächst dargestellt und in einem zweiten Schritt interpretiert bzw. bewertet. In manchen Fällen, wenn keine eindeutige Empfehlung für einen Aufenthalt des Kindes beim einen oder anderen Elternteil ausgesprochen werden kann und mögliche Alternativen dicht beieinander liegen, wird der Sachverständige Alternativvorschläge bzw. -empfehlungen formulieren und sie in eine Rangfolge bringen – im Wissen, dass gelegentlich die beste Lösung für das Kind einfach nicht durchführbar ist und eine zweitbeste Lösung gefunden werden muss, um eine schlechtere zu vermeiden.

Der Gutachter ist kein Prophet: Seine Ergebnisse können nur die gegenwärtige Situation, wie sie sich aus der Vergangenheit heraus entwickelt hat, darstellen. Ein erfahrener Sachverständiger, insbesondere wenn er klinisch tätig ist und psychotherapeutisch mit Scheidungskindern arbeitet, wird die Eltern aber auf Gefahren bzw. Chancen hinweisen, wenn Situationen sich nicht ändern, verschlimmern bzw. wenn es gelingt, familiäre oder extrafamiliäre Ressourcen zu mobilisieren, um dem Kind zu helfen. Mitunter muss dann auch eine Empfehlung einfach in der Praxis ausprobiert werden, ohne dass eine definitive Entscheidung vonseiten des Gerichts zu fällen wäre, d. h. es kann durchaus vorkommen, dass dem Gericht empfohlen wird, nur vorübergehend eine Situation in bestimmter Weise zu gestalten, um dann im Anschluss an eine kurze Nachbegutachtung nach einem halben Jahr oder einem Jahr eine abschließende Stellungnahme abzugeben.

Wenn Eltern der Auffassung sind, der Sachverständige habe sich zu einseitig einen bestimmten Standpunkt zu Eigen gemacht, sei nicht objektiv oder neutral genug gewesen, haben sie grundsätzlich das Recht, ein Parteiengutachten anfertigen zu lassen, das aber für das Gericht in der Regel wenig Gewicht hat. Wurden in der Begutachtung vonseiten des Sachverständigen ganz offensichtlich Fehler gemacht, müssen diese entweder revidiert werden oder das Gericht bestellt einen weiteren Sachverständigen, der in Ausnahmefällen eine zweite Begutachtung vornimmt. Der Sachverständige kann wegen Befangenheit abgelehnt werden, z. B. wenn sich herausstellt, dass zu einer Person der Parteien früher eine therapeutische Beziehung bestand. Korrekterweise müsste in einem solchen Fall der Sachverständige von sich aus das Gericht auf die Situation hinweisen und dem Auftraggeber empfehlen, einen anderen Sachverständigen für die Erstellung des Gutachtens zu benennen.

Kommt es in einem Familienrechtsverfahren zu dem Wunsch, ein Sachverständigengutachten in Auftrag zu geben, so müssen sich die Parteien generell die Kosten teilen. Wenn die finanzielle Lage es erfordert, kann einer oder können beide Elternteile Prozesskostenhilfe beantragen. Das bedeutet, dass der Staat unter Umständen die Kosten für das Gutachten übernimmt.

Was bedeutet die Begutachtung für das Kind?

Da die Kinder häufig vor einer Sachverständigenbegutachtung vor Gericht angehört werden, sind sie im Groben über den Sinn und Zweck einer Begutachtung und mögliche Fragen, die auf sie zukommen, informiert. Schulkinder in der Vorpubertät werden häufig von ihren Eltern darüber informiert, was in der Begutachtung auf sie zukommt, darüber, dass ihr Wunsch ganz wichtig sei, dass sie nur dann, wenn sie den Wunsch deutlich zum Ausdruck bringen, bei Papa oder Mama bleiben dürfen. Mit einer solchen Information kann das Kind in eine sehr prekäre Lage gebracht werden, weil es schnell begreift: Entscheidet es sich mit einem verbalen Votum für den Papa, so hat es die Mutter entwertet, hat den Papa anscheinend lieber als die Mama, was seinen Loyalitätskonflikt noch erhöht. Dies kann dazu führen, dass das Kind dem Sachverständigen z. B. im Gespräch mitteilt: »Fragen Sie mich bitte nicht, wen ich lieber habe und bei wem ich wohnen will: Ich kann es nicht sagen, ich habe beide gleich lieb, beide sollen wieder mit mir zusammenwohnen.« Werden die Kinder beim ersten Untersuchungstermin vom Vater gebracht und handelt es sich um Kindergartenkinder oder Schulkinder in den ersten Schulklassen, äußern sie in der Befragung nicht selten, sie wollten beim Vater wohnen und nicht bei der Mutter. Werden sie dann von der Mutter gebracht, äußern sie sich entsprechend, dass sie bei der Mama bleiben wollten und nicht beim Papa. Dies bedeutet nicht, dass die Kinder Opportunisten oder »falsch« wären. Vielmehr ist dies Ausdruck einer ganz erheblichen Abhängigkeit, die in diesem Alter normal ist: Das Kind lebt ganz im »Hier und Jetzt«. So, wie es im Moment ist, ist es für das Kind richtig, es kann dann aber übermorgen wieder ganz anders sein! In Kapitel 1 wurde darauf hingewiesen, dass Kinder oftmals nach der Trennung und noch lange danach hoffen und alles daran setzen, dass die Eltern wieder zusammenfinden, dass alles wieder so wird, wie es früher war. Das grundsätzliche Bestreben der Kinder, auszugleichen und nicht noch mehr Öl ins Feuer zu gießen, bedeutet, dass sie sich sehr häufig nicht festlegen wollen oder aber, wenn der Loyalitätsdruck zu groß wird, ganz einseitig für einen Elternteil Partei ergreifen. Kinder sind manchmal auch sehr kreativ in ihrem Bemühen, verfahrene Familiensituationen durch entsprechendes Verhalten auszubalancieren. Es ist dann für den Gutachter u. U. beeindruckend (gleichermaßen für die Eltern), wenn er in einer Abschlussbesprechung den Eltern mitteilen kann, wie erfindungsreich und »klug« die Kinder reagierten: In verbalen Äußerungen, aber auch in Geschichten, Zeichnungen und Gebasteltem, in Spielszenen oder in ihrem Verhalten gegenüber den Eltern lassen sie den Gutachter bewusst oder unbewusst an ihrer Verzweiflung teilhaben, aber auch an ihrem Willen, entweder aus dieser nicht mehr zu ertragenden Situation auszubrechen oder sich auf dem »Altar der Ehekrise« zu opfern.

Anhand einer kurzen Fallvignette wird deutlich, welch kreatives

Potenzial Kinder bei einer Begutachtung entwickeln, um ihre Situation darzustellen:

> Die Mutter war mit ihren drei Kindern Dorothea (zum Zeitpunkt der Begutachtung 14 Jahre alt), Michael (8 Jahre) und Isolde (5 Jahre) im Zuge der Trennung, die einige Monate zurücklag, von zu Hause weggefahren und hatte ihnen erklärt, sie würden ein paar Tage Urlaub machen. Die Kinder wurden erst im Nachhinein damit überrascht, dass mit dieser »Ausfahrt« die Trennung vollzogen worden war. Bei der Begutachtung stellte sich heraus, dass die älteste Tochter zum Vater tendierte, der Sohn sehr schwankte und die jüngste Tochter eine leichte Tendenz zur Mutter hatte. Im freien Spiel während der Begutachtung führten die Kinder ein eigenes Theaterstück auf in Form eines Kasperle-Theaters: In diesem spontan aufgeführten Stück war eine Prinzessin von einem Räuber entführt worden, und der König hatte die Prinzessin von Kasperle und Seppl suchen lassen. Dorothea spielte das Kasperle und Michael den Seppl. Seppl, der von einem Helfer des Räubers, dem Krokodil, gefangen worden war, wurde vom Kasperle befreit. Am Schluss befreiten Seppl und Kasperle die Prinzessin und brachten diese zurück zum König.

In diesem Spiel hatten die Kinder unbewusst die Thematik der Trennung wieder aufgegriffen: Setzt man den Räuber mit der Mutter gleich und den König mit dem Vater, so sind Kasperle und Seppl bzw. Dorothea und Michael die Helfer des Vaters, die verhindern sollen, dass die Prinzessin, Isolde, in Zukunft bei der Mutter lebt. Die eigentliche Regisseurin dieses Theaterstücks war die älteste Tochter Dorothea, die den Vater unterstützte, bei den jüngeren Geschwistern mütterliche Funktionen übernahm und einen erheblichen Einfluss sowohl auf Michael als auch auf Isolde hatte.

Es ist unbedingt zu vermeiden, dass ein Kind bei der Begutachtung das Gefühl entwickelt, es könnte »den Papa oder die Mama verraten«. Es kann für ein Kind geradezu entlastend sein, wenn der Sachverständige ihm mitteilt, der Richter werde entscheiden, nicht das Kind, und der Sachverständige werde dem Richter eine Empfehlung geben. Bei chronischen Nachscheidungskonflikten, in deren Verlauf sich die

Kinder immer mehr von einem Elternteil entfremdet haben, kann eine Begutachtung auch als therapeutisches Forum dienen, wenn z. B. ein Vorpubertierender in seiner Wut und Verzweiflung dem Vater mitteilen möchte, wie schrecklich er empfindet, was der Vater alles falsch gemacht hat, wie gemein er ist, dass er ihn nie wieder sehen möchte. Solche Situationen sind dann gleichsam ein Ventil und es kann mitunter dann der ganze angestaute Ärger der letzten Zeit in einer Sitzung »abgelassen« werden. Mitunter ist die Art und Weise der Reaktion des abgelehnten Elternteils ausschlaggebend für einen »Sinneswandel« des Kindes, und zwar wenn es dem betreffenden Elternteil gelingt, authentisch zu zeigen, wie sehr er über die Ohnmachtgefühle des Kindes betroffen ist. Dies ist z. B. dann der Fall, wenn der Vater aus Betroffenheit weint oder der Situation angemessen dem Kind mitteilt, wie sehr er die eingetretene Situation bedauert und dass er dennoch hofft, dass zu einem späteren Zeitpunkt der Kontakt wieder aufgenommen werden kann. Mit anderen Worten: In einem Gutachtenprozess kann es geschehen, dass sich das Kind dem entfremdeten Elternteil wieder annähert, aber auch, dass es sich noch mehr von ihm entfernt. Wie sich das Kind im Gutachtenprozess verhält oder was er für das Kind bedeutet, wird auch von seinen Elternteilen mitbestimmt: Je jünger das Kind, desto eher wird es im Gutachtenprozess zum Spielball beider Elternteile. Je älter es ist, desto mehr erwarten die Eltern vom Kind, dass es in ihrem Sinne Stellung bezieht und selbstverständlich darauf hinweist, dass es sein eigener Wille ist, sich so oder so zu verhalten, völlig unabhängig vom Einfluss eines Elternteils.

An einem verständigen Gutachter kann das Kind aber auch erfahren, dass es Erwachsene gibt, die beide Seiten der Eltern und die des Kindes sehen und die einerseits weit genug entfernt sind vom emotionalen Geschehen, jedoch auch nahe genug und mit Empathie beim Kind, um in der Situation der Bedrängnis Szenarien des Auswegs oder der Milderung anzubieten bzw. mit ihm solche anzudenken, auch wenn dies zunächst nur in der Fantasie geschieht. Der Gutachter ist kein Therapeut des Kindes, sondern Helfer des Gerichts; trotzdem hat er mitunter auch eine vermittelnde und quasi therapeutische Funktion.

8 »Grundregeln« bei Trennungs- und Scheidungssituationen

Wie und wo hole ich Hilfe?

Zahlreiche Institutionen bieten professionelle Hilfe in dieser schwierigen Situation an. Die Mitarbeiter des Sozialen Dienstes der Jugendämter sind gesetzlich verpflichtet, sowohl den Eltern als auch den Kindern in Trennungs- und Scheidungssituationen beizustehen, sie zu beraten und ihnen zu helfen. Darüber hinaus sind öffentliche Beratungsstellen (Erziehungsberatungsstellen, Familienberatungsstellen, Psychologische Beratungsstellen, Pro Familia etc.) geeignet, Beratung und Hilfestellung zu leisten, und tun dies meist unentgeltlich. Aber auch Kinderärzte, Hausärzte und niedergelassene Psychologen und Kinder- und Jugendpsychiater bzw. Kinder- und Jugendlichenpsychotherapeuten beraten sowohl Kinder als auch Eltern. Auch die Telefonseelsorge und der Kinderschutzbund sind durchaus geeignete Anlaufstellen, um einen ersten Rat zu bekommen. Bei entsprechenden Problemen kann es auch nützlich sein, sich an die Schuldnerberatung in den Gemeinden oder an eine Suchtberatung zu wenden.

Bei dringenden Problemen, die einen gerichtlichen Erlass oder Beschluss erfordern, kann auch direkt ein Antrag bei der Rechtsantragsstelle der Amtsgerichte (Familiengerichte) gestellt werden. In den meisten Fällen ist es jedoch ratsam, mit einem Rechtsanwalt ein entsprechendes Informationsgespräch zu führen. Optimal wäre es, wenn beide Elternteile einen Mediator aufsuchen würden, der sowohl die rechtliche als auch die psychologische und die das Kind betreffende Seite aufgrund seiner Ausbildung »abdeckt« und helfend eingreifen kann. Allerdings müssen sich die Betreffenden klar sein, dass der Mediator für seine Beratung bezahlt werden muss.

Wann und wie sollen Kinder über die Trennung informiert werden?

Etwa ab dem Kindergartenalter, d. h. um das 3. Lebensjahr herum, sollten die Kinder über die Trennung, die ansteht oder bereits eingetreten ist, informiert werden. Besonders wichtig ist, dass das Kind erfährt: Mit dem Auszug eines Elternteils ist dieser für es nicht verloren, verschwindet nicht von der Bildfläche, sondern der betreffende Elternteil wird das Kind regelmäßig aufsuchen bzw. es wird zu ihm gebracht.

Bei einer Trennung von Tisch und Bett noch »unter einem Dach« sollte vermieden werden, dass sich die Eltern verbal oder handgreiflich attackieren. In aller Regel kann nur dann zu einer vorübergehenden Trennung unter einem Dach geraten werden, wenn es die räumlichen Verhältnisse auch zulassen, wenn z. B. der Vater fortan in der Einliegerwohnung wohnt und damit die Eltern getrennt voneinander in zwei Stockwerken eines Hauses leben. Gab es im Vorfeld einer Trennung heftigen verbalen Streit oder gar Gewalttätigkeiten, die das Kind mitbekam, kann die Ankündigung einer Trennung für das Kind eine Erleichterung oder zumindest eine Entspannung der Situation bedeuten: Zieht der Vater z. B. aus, ist es durchaus möglich, dass er durch die Ankündigung der bevorstehenden Trennung im Bewusstsein des Kindes neue Bedeutung erlangt und dass die Beziehung sich daher verbessert. Die große Chance eines Gesprächs mit den Kindern über eine bevorstehende Trennung besteht darin, dass ihnen deutlich gemacht werden kann, dass sich die Gefühle der Eltern zum Kind trotz der Trennung nicht ändern werden. Eltern sollten auch davon ausgehen, dass viele Kinder die Trennung ihrer Eltern bereits erahnen können und dass es dann besser ist, sie rechtzeitig zu informieren und mit ihnen darüber zu sprechen, sofern sie es schon irgendwie verstehen können. Dass auch im Chaos einer Trennung oder Scheidung auf die Bedürfnisse der Kinder Rücksicht genommen wird und ihnen adäquate Erklärungen für die Veränderungen gegeben werden, ist von größter Wichtigkeit für das Trennungserleben und die notwendige Trennungsverarbeitung der Kinder.

Wo bleiben die Kinder?

Da beide Elternteile auch während des Getrenntlebens bis zum Zeitpunkt der Scheidung in der Regel das gemeinsame Sorgerecht haben und dies im Normalfall auch nach einer Scheidung gilt, sind und bleiben *beide* Eltern nach wie vor die Eltern für ihre Kinder! Handelt ein Elternteil in Bezug auf den vorübergehenden Verbleib der Kinder gegen den Willen des anderen, stellt dies auch während des Getrenntlebens einen Verstoß gegen das Sorgerecht dar. Dies bedeutet, dass die Eltern sich absprechen und einigen müssen, bei wem die Kinder im Trennungsfall zunächst wohnen sollen. Nacht- und Nebel-Aktionen, bei denen die Kinder durch einen Elternteil praktisch entführt werden, müssen unterbleiben und können für die betroffenen Kinder ein erhebliches Psychotrauma bedeuten. Die Kinder sollten auch nicht angelogen werden, wenn sie bei der Trennung mitgenommen werden, um ihnen dann post festum zu erklären, der Besuch der Oma sei nur ein Vorwand gewesen, um die Trennung herbeizuführen. Auch in Trennungssituationen müssen die Interessen der Erwachsenen hinter denen des Kindes zurücktreten. Eine Aufteilung der Kinder auf beide Elternteile bei mehreren Geschwistern kann aus ökologischen, muss aber noch viel mehr aus psychologischen Gründen erwogen werden, wenn die Kinder schon größer sind und hierzu dezidiert Stellung nehmen. Können sich die Eltern nicht einigen, wo die Kinder bei einer Trennung verbleiben sollen, kann das Familiengericht mit Hilfe des Jugendamtes eine vorläufige Regelung treffen, die später, spätestens bei der Scheidung, auch wieder revidiert werden kann. Automatisch wird das Jugendamt mit eingeschaltet, sobald ein Scheidungsantrag bei Gericht eingegangen ist und Kinder von der Scheidung betroffen sind.

Die Trennung ist vollzogen: Chancen und Risiken für Eltern und Kinder

Beide Elternteile müssen sowohl für sich als auch für ihre Kinder wahrnehmen können bzw. erlernen, dass die Trennung mit Gefühlen wie Ohnmacht, Trauer, aber auch Wut und Verzweiflung verbunden ist. Kinder entwickeln häufig Symptome, die der sichtbare Ausdruck einer normalen psychischen Reaktion, darüber hinaus aber auch jene »Sprache« sind, über die das Kind zurzeit verfügt, um seine seelische Verfassung in der Trennungssituation auszudrücken. Eltern sollten antworten, wenn ihre Kinder ihnen Fragen stellen. Diese Fragen sind für die Kinder oftmals existenziell: Fragt mich der Papa gar nicht mehr, ist er für mich für immer verloren? Wird er für mich da sein, wenn ich ihn brauche? Bin ich schuld? Habe ich mich nicht genug angestrengt, um zu verhindern, dass ihr euch nicht mehr vertragt? Eltern sollten wissen, dass die Schuldgefühle der Kinder aber auch sehr leicht in Wut umschlagen können: Indem ich dem anderen die Schuld zuschreibe, entlaste ich mich vom schlechten Gewissen und von der eingetretenen narzisstischen Kränkung. Dies kann bedeuten, dass Trennungs- und Scheidungskinder häufig zwischen Gefühlen der Wut auf den einen oder anderen Elternteil einerseits und solchen des eigenen Verschuldens und Versagens andererseits hin- und herschwanken.

Eltern sollten alles daran setzen, ihre Kinder in ihren Reaktionen und Gefühlen zu verstehen, sie durch ihr Verhalten zu beruhigen und sie zu befähigen, über ihre Gefühle auch zu kommunizieren, sei es bei kleinen Kindern über die Symbolsprache, die Körpersprache oder aber bei den älteren auch verbal. Wenn Kinder in eine existenzielle Not geraten und die Sorge sie umtreibt, einen Elternteil für immer zu verlieren, geht es darum, sie zu beruhigen, und beide Elternteile müssen den Kindern die Erfahrung vermitteln, dass sie weiterhin mit ihnen beiden rechnen können.

Es ist eher beunruhigend, wenn Kinder keine Reaktion auf eine Trennung zeigen. Kinder sollten, z. B. wenn sie im Kindergartenalter sind, in ihren Spielen und Zeichnungen ihre Gefühle und Ängste sowie ihre Hoffnungen auch ausdrücken können, sie sollten also angehalten werden, über eine solche Symbolebene ihre Not zu lindern. Eltern in Trennungssituationen sollten die Kindergärtnerin oder den Lehrer sowie alle für das Kind besonders wichtige Personen (z. B. Großeltern, Paten etc.) unbedingt über die eingetretene Situation informieren.

Wenn die unmittelbaren Trennungsreaktionen der Kinder gravierend sind oder für die betreffenden Elternteile eine Überforderung darstellen, müssen sich die Eltern auch professioneller Hilfe bedienen, um die Kinder zu stützen, sei es durch einen Kinder- und Jugendpsychotherapeuten, sei es durch einen Familientherapeuten, der immer wieder versuchen wird, das Kind auch dadurch zu entlasten, dass die Kommunikation zwischen den getrennten Elternteilen verbessert wird. Eltern sollten ihre Kinder nach einer Trennung nicht zu Boten oder Spionen machen, sie nicht emotional missbrauchen.

Eltern sollten ihre Kinder auch nicht in die Situation bringen, ihre Eltern seelisch stützen zu müssen, da es hierdurch zu einer Rollenumkehr und leicht zu einer so genannten Parentifizierung kommt: Kinder werden dann in sie überfordernde Rollen gedrängt und dadurch letztendlich ihres Kindseins beraubt.

Was tun, wenn es mit den Kontakten nicht klappt?

Wurden entsprechende Abmachungen für einen geregelten Umgang nach einer Trennung getroffen, sollten beide Elternteile größten Wert darauf legen, dass diese Abmachungen bindend sind, um dem Kind Verlässlichkeit und Sicherheit zu bieten. Angestrebt werden muss, dass beide Elternteile bei der Übergabe miteinander möglichst normal kommunizieren können, ohne verbale Attacken mit gegenseitigen Abwertungen. Es ist nicht unbedingt notwendig, dass man sich die Hand gibt, man sollte sich aber in die Augen schauen können und dem Kind vermitteln, dass eine solche Übergabe nicht jedes Mal zu emotionalen Ausbrüchen und bedrohlichen Erlebnissen führt. Gelingt dies nicht, können solche Übergaben auch durch Dritte durchgeführt werden, seien es Familienangehörige, zu denen beide Elternteile noch guten Kontakt haben, oder Personen, die von außen Hilfestellung anbieten (Jugendamt, Kinderschutzbund etc.). Kinder spüren sehr genau, inwieweit der Elternteil, bei dem das Kind nach der Trennung seinen vorübergehenden Lebensmittelpunkt hat, nun auch tatsächlich selbst Kontakte des Kindes mit dem anderen Elternteil als positiv empfindet. Die Einstellung: »Wenn das Kind will, habe ich nichts dagegen, dass es zum Papa oder zur Mama geht« allein genügt nicht. Es wäre vielmehr wichtig, dass das Kind auch emotional und nicht nur verbal erfährt, wie wichtig es dem Elternteil, bei dem es überwiegend wohnt, ist, dass das Kind den anderen Elternteil besucht. Mit anderen Worten: Die Wertschätzung des Elternteils, der nicht mehr mit dem Kind zusammenwohnt, durch den anderen Elternteil ist bedeutsam und die beste Gewähr dafür, dass ein Umgang positiv stattfinden kann.

Je älter die Kinder bei einer Trennung sind, desto mehr müssen beide Elternteile Rücksicht auf die besondere Interessenlage des Kindes nehmen: Wenn ein Kind am Samstag am bisherigen gemeinsamen Wohnort der Eltern nachmittags immer Tischtennis spielt, ist es ihm nicht ohne weiteres zuzumuten, dass es jeden Samstag wegen der Umgangskontakte auf diese sozial wichtige Aktivität verzichtet.

Beide Elternteile sollten nach der Trennung sicher sein können, dass der jeweils andere nicht schlecht über einen Elternteil redet. Dies gilt auch für die betreffenden Angehörigen, die durch die eingetretene Trennung vielleicht bereits Partei für die eine oder andere Seite ergriffen haben. Insbesondere bei kleineren Kindern und Kindern vor der Pubertät sollte man alles unterlassen, was das Kind über den Konflikt auf der Elternebene hinaus noch zusätzlich belastet.

In Trennungs- und Scheidungsverfahren sollten Kinder möglichst nicht Anträge der gegenseitigen Parteien lesen oder vorgelesen bekommen, da dies nur ihren Loyalitätskonflikt verstärken wird.

Bei Vorschulkindern ist es in aller Regel nicht sinnvoll, wenn eine Umgangsregelung vereinbart wird, bei der die Kinder über die Hälfte der Woche beim einen und an den restlichen Tagen beim anderen Elternteil sind.

Ein Mehrpersonensetting in der Betreuung von Kindern nach einer Trennung, wenn nunmehr beide Elternteile einem Beruf nachgehen müssen, schadet dem Kind nicht in jedem Fall; wichtig ist, dass es gelingt, eine möglichst kleine Anzahl von Personen in die Betreuung mit einzubauen und eine verlässliche und für das Kind überschaubare konstante Versorgung aufzubauen.

Wenn ein Elternteil mit der Trennung eine neue Partnerschaft eingegangen ist, muss er damit rechnen, dass das Kind sich mit dem anderen Elternteil zusammenschließen, mit diesem koalieren wird, insbesondere wenn Letzterer an der Ehe festhält und den Weggegangenen zurückholen möchte.

Eltern sollten wissen, dass ihre Kinder immer dann, wenn sie durch die Trennung in einen erheblichen Loyalitätskonflikt geraten, auch psychosomatisch reagieren können, d. h. sie können z. B. wieder einnässen, obwohl sie schon trocken waren, oder sie entwickeln Schlafstörungen, zeigen Verhaltensauffälligkeiten wie Aggressivität im Kindergarten oder in der Schule. Dahinter stecken Wut und Verzweiflung bzw. die seelische Not des Kindes.

Wenn sich diese Situation nicht bessert, sondern dauerhaft anhält, entwickeln manche Kinder ein Besuchsrechts-Syndrom, bei dem sie unter Umständen jedem Elternteil sowohl auf der verbalen als auch auf der emotionalen Ebene etwas anderes mitteilen. Dies kann so weit gehen, dass sie die Wahrheit verbiegen, um deutlich zu machen, dass sie mit dem jeweiligen Elternteil einverstanden sind, gleichsam auf dessen Wellenlänge liegen und seine Sichtweise teilen. Hat sich ein Besuchsrechts-Syndrom entwickelt und wird es nicht von beiden Elternteilen als solches erkannt, verschärfen sich die Auseinandersetzungen zwischen beiden Eltern, und das Kind steht unter immer größerem Druck. Deshalb ist es wichtig, dass das Phänomen des Besuchsrechts-Syndroms wahrgenommen und als solches erkannt wird (vgl. S. 57–60).

Ein neuer Partner/eine neue Partnerin taucht auf

Elternteile, die bei oder nach der Trennung einen neuen Partner/eine neue Partnerin haben, sollten wissen, dass sich ihr Kind immer dann mit dem verlassenen Elternteil verbündet, mit ihm koaliert, wenn Letzterer um die Beziehung kämpft, an der Ehe festhalten möchte. Die Kinder lieben ja in aller Regel beide Elternteile und möchten, dass möglichst alles so bleibt, wie es vorher war.

Der neue Partner/die Partnerin oder der potenzielle Stiefvater/die Stiefmutter sollte sich darauf einstellen, dass sich Kinder anfänglich häufig ablehnend verhalten und dem oder der »Neuen« womöglich die Schuld an der Trennung geben.

Problematisch ist es, wenn Kinder angehalten werden, diese neuen Partner mit Papa oder Mama anzusprechen. In aller Regel sind diese Bezeichnungen beim Kind emotional tief verankert und exklusiv auf Vater oder Mutter bezogen. Überdies bedeutet es eine Kränkung für einen Elternteil, wenn er nicht mehr ausschließlich die Mama oder der Papa ist.

Bringen die neuen Partner selbst Kinder mit in die neue Beziehung oder werden Halbgeschwister geboren, kann dies für ein Kind positiv oder negativ sein, je nachdem, wie es in der neuen Familie aufgenommen wird bzw. eingebunden ist. Immer dann, wenn es das Gefühl hat, andere Kinder würden ihm vorgezogen, wird es mit Enttäuschung, Wut oder Ablehnung reagieren. Auch hier gilt, dass man dem Kind Zeit lassen muss, um in Beziehungen hineinzuwachsen.

Werden neue Partnerschaften nach einer Trennung oder Scheidung eingegangen, sollte der Wunsch nach einer Namensänderung für ein Kind mit äußerster Vorsicht und großer Zurückhaltung behandelt werden. Nur um dem Kind und der Umwelt zu demonstrieren, dass man eine neue, vollständige Familie ist, muss der Name eines Kindes nicht angeglichen bzw. geändert werden. Sprechen aber Gründe für eine Namensänderung nach einer Scheidung, sollte dabei auch immer in Betracht gezogen werden, ob nicht doch eine Doppelnamensführung das Kind vielleicht entlastet, es eher aus einem Loyalitätskonflikt und Identitätsproblem herausführt.

Empfehlungen bei speziellen Problemen

Telefonkontakte mit den Elternteilen, die sich getrennt haben, sollten bei älteren Kindern so gestaltet werden, dass sie alleine und nicht in Anwesenheit eines Elternteils mit dem anderen telefonieren können.

Die Kinder sind dadurch freier, und noch vorhandene Loyalitätskonflikte werden minimiert.

Heimliche Telefonate mit dem Kind ohne Wissen des anderen Elternteils oder heimliche Besuche, die das Kind verschweigen muss, bringen das Kind dagegen in aller Regel in große seelische Bedrängnis und sind zu unterlassen.

Wenn der Verdacht auf sexuellen Missbrauch des Kindes, z. B. durch den Vater, aufkommt, ist es häufig nicht gerechtfertigt, dass der Umgang mit dem Kind sofort eingestellt wird: Immer dann, wenn ein Kind weiterhin auch Umgang haben möchte, kann zunächst über einen begleiteten Umgang nachgedacht werden, der verhindert, dass eine Entfremdung vom Kind stattfindet.

Kinder, deren leibliche Eltern sich während der Schwangerschaft oder kurz nach der Geburt definitiv getrennt haben und die z. B. keinen Kontakt zum Vater haben, sollten in aller Regel im Kindergartenalter darüber aufgeklärt werden, dass auch sie einen Papa haben. Die Vorstellung, das Kind erst mit der Volljährigkeit hierüber zu informieren, verkennt die Tatsache, dass Kinder bereits im Kindergartenalter ahnen, dass man einen Papa und eine Mama hat. Ist die Mutter jedoch nicht allein erziehend, sondern hat wieder einen neuen Partner, den das Kind als den leiblichen Vater ansieht, kann länger gewartet werden. Spätestens in der Phase der Pubertät fragen Kinder und Jugendliche intensiver nach ihrer leiblichen Herkunft, fragen sich mitunter, ob sie nicht nach der Geburt z. B. von der Krankenschwester verwechselt worden sind, d. h. sie stellen auch als Nicht-Scheidungs-Waise gelegentlich in Frage, ob ihre Eltern wirklich ihre Eltern sind. Dies ist im Ablösungsprozess eines Kindes von seinen Eltern, der besonders in der Pubertät auftritt, normal. Im Zweifel sollten die betreffenden Elternteile fachkundigen Rat einholen, ob es nicht doch spätestens in der Pubertät angeraten ist, die Kinder über ihre wirkliche Herkunft zu informieren.

Kommt es zu Einbehaltungen oder Kindesentführungen, sind gerichtlich angeordnete »Rückführungen« mittels Gerichtsvollzieher und Polizei unter Umständen sehr traumatisch für die Kinder: Werden sie von einem Elternteil, an den sie sich klammern, mit Gewalt weggerissen, kann dies zu einer psychischen Traumatisierung führen.

Kindesentführungen ins Ausland unterliegen unter Umständen einer eigenen Dynamik. Hier muss eine zwangsweise Rückführung erfolgen, wenn ein entsprechender Antrag von jenem Elternteil gestellt wird, der in dem Land zurückbleibt, in dem bislang der gemeinsame Wohnsitz der Eltern lag.

Wenn ein Elternteil nach einer Trennung selbst in seelische »Turbulenzen« gerät, psychisch erkrankt und dadurch die Versorgung und Betreuung eines Kindes nicht mehr gewährleistet erscheint, muss diese Person therapeutisch unterstützt werden, z. B. im Rahmen einer Familienhilfe oder einer ambulanten Psychotherapie oder aber durch medikamentöse Behandlung. Im Zweifelsfall muss das Kind dann vorübergehend anderweitig versorgt werden, beispielsweise, wenn die Mutter sich in eine stationäre psychiatrische Behandlung begeben muss und das Kind nicht mitnehmen kann.

Das anonyme Untertauchen einer Mutter, die z. B. von ihrem Mann geschlagen wurde und ins Frauenhaus flüchtet, kann immer nur die »ultima ratio« sein. Manchmal haben Kinder selbst unter solchen Bedingungen eine gute Beziehung zum Vater, die dann schlagartig mit dem Untertauchen abgebrochen wird. Dies kann Kinder psychisch traumatisieren.

Was grundsätzlich zu beachten ist

- Obwohl Trennung und Scheidung in aller Regel einen erheblichen Stressfaktor für das betroffene Kind darstellen, müssen Trennungs- oder Scheidungskinder sich nicht automatisch zu Problemkindern entwickeln und bleibende Schäden davontragen. Eltern können viel dazu beitragen, die außerordentliche Stressbelastung einer Trennung und Scheidung für die Kinder abzupuffern.
- Ein allein erziehender Elternteil muss nicht perfekt sein und die Rolle des anderen vollständig mit übernehmen.
- Eltern sollten nach Trennung und Scheidung und nach einer ange-

messenen Trauerphase nicht aus Rücksicht auf die Kinder auf einen möglichen neuen Partner verzichten, aus der Angst heraus, dass mögliche Partnerschaftsprobleme womöglich das Eltern-Kind-Verhältnis trüben könnten. Prospektiv gesehen könnten sich Jugendliche in der Ablösungsphase nur dann gut von einem Elternteil trennen, wenn sie wissen, dass dieser nicht völlig isoliert ist. Allein erziehende Väter oder Mütter machen es insofern den Pubertierenden und Adoleszenten eher schwerer denn leichter, den Absprung zu finden und eine altersangemessene Eigenständigkeit zu entwickeln.

- Hinter dem Wunsch eines allein erziehenden Elternteils, nach der Trennung oder Scheidung mit dem Kind nunmehr in Ruhe und Frieden zu leben, steht oft ein übergroßes Bedürfnis nach Harmonie, sodass Konflikte manchmal verdrängt und »unter den Teppich« gekehrt werden: Nachdem die Familie vor der Trennung unendlich unter den Streitereien und Aggressionen der Elternteile gelitten hat, will man nunmehr in Harmonie glücklich leben. Diese Vorstellung ist in aller Regel unrealistisch und kann dazu führen, dass Konflikte nunmehr auf anderen »Kriegsschauplätzen« (extrafamilialer Raum, z. B. Schule oder Kindergarten) ausgetragen werden.
- Kinder sind kein Besitz, sie sind kein »Eigentum der Eltern«, auch wenn viele Mütter der Ansicht sind, ein Kind gehöre nach einer Trennung automatisch zur Mutter.
- Zum Wohl der Kinder muss eine »Blockbildung«, eine Konfliktausweitung über die Kernfamilie hinaus, vermieden werden: Kinder können sehr wohl, auch wenn sich die Elternteile nicht mehr gut verstehen, mit den Großeltern väterlicher- oder mütterlicherseits positive Beziehungen pflegen und von diesen profitieren, desgleichen von Beziehungen mit Paten.
- Insbesondere Schulkinder neigen aufgrund ihrer Entwicklung dazu, nach einer Trennung oder Scheidung die Schuldfrage zu stellen – nicht nur in Bezug auf die Eltern, sondern auch in Bezug auf sich selbst: Wer ist schuld an der Trennung, wer hat den anderen verlassen? Bin ich schuldig, war ich nicht lieb genug, haben sich meine Eltern deswegen getrennt? Um mit diesen Schuldgefühlen

umzugehen, um sich hiervon zu entlasten, gehen Kinder mitunter große Kompromisse ein und übernehmen Rollen, die sie überfordern, was sich letztlich ab einem bestimmten Ausmaß schädlich auswirken kann.

- Trennung und Scheidung in Familien mit mehreren Kindern bedeutet nicht unbedingt, dass die Geschwister in ihrer Not zusammenstehen und sich dadurch das Verhältnis der Geschwister untereinander verbessert. Es kann vielmehr das Gegenteil eintreten, dass nämlich nunmehr eine Geschwisterrivalität dazu führt, dass sich Kinder aufteilen und gegeneinander kämpfen, indem sie zum anderen Elternteil überwechseln.
- Wenn Kinder bei gutem geschwisterlichen Verhältnis von sich aus vorschlagen, sich auf die Eltern aufzuteilen, kann sich dies unter Umständen auch förderlich auf die Umgangskontakte auswirken, da ein jeweiliger Besuch nicht nur dem anderen Geschwister, sondern auch dem anderen Elternteil gilt.
- Kommt es zu einer Trennung der Eltern, wenn das Kind ungefähr 5 Jahre alt ist und sich in der so genannten ödipalen Phase befindet, neigt es häufig dazu, sich mit dem gegengeschlechtlichen Elternteil zu verbünden. Dies ist eine phasenspezifische Reaktion, die kurze Zeit anhält.
- Trennen sich die Eltern, wenn die Kinder in der Vorpubertät und Pubertät sind, spielt die Geschlechtsidentität eine Rolle bei der Frage, wo die betreffenden Kinder verbleiben: beim Vater oder bei der Mutter. Es ist eher zu begrüßen, wenn sich ein 13-Jähriger entschließt, beim Vater zu wohnen, oder eine 12-Jährige bei der Mutter. In der Pubertät kommt es aber zu einer neuerlichen ödipalen Phase: Ein pubertierendes Mädchen könnte auch mit der Mutter um den Vater rivalisieren und gerade deswegen wünschen, beim Vater zu wohnen. Gleiches gilt für einen pubertierenden Jungen, der den Vater ausstechen möchte und in der Kernfamilie dessen Position bei der Mutter einnehmen möchte. Auch hier ist zu beachten, dass dies Übergangsphasen sind. Mit dem Durchlaufen der Pubertät ändert sich in aller Regel die Beziehung der Pubertierenden zu ihren Elternteilen. Dies bedeutet, dass vermehrt beide

Elternteile in der konkreten Auseinandersetzung mit ihren Kindern wichtig werden.

- Auch wenn Kinder anfänglich mit den neuen Partnern ihrer Elternteile und mit Stiefgeschwistern Anpassungsprobleme haben, bedeutet dies nicht, dass sie nicht letztlich doch von einer Patchwork-Familie bzw. von einer Mehr-Eltern-Situation profitieren könnten.
- Viele Kinder, deren Eltern sich trennen, entwickeln eine erhöhte Sensibilität für Beziehungen, entwickeln eine gute soziale Kompetenz und tendieren dazu, später in soziale Berufe zu gehen.
- Kinder aus Trennungs- und Scheidungsfamilien reifen durch diese Erfahrungen psychosozial gesehen schneller als andere Kinder, laufen aber auch Gefahr, sich zu überfordern, ein »Helfersyndrom« zu entwickeln, es immer allen recht machen zu wollen.
- Ganz wichtig ist für Trennungs- und Scheidungskinder, dass beide Elternteile für sie verlässlich bleiben, weil sie durch die Trennungserfahrung erlebt haben, dass plötzlich Verlässlichkeit und Kontinuität in Frage gestellt sein können.
- Kinder aus Trennungs- und Scheidungsfamilien wollen in aller Regel, dass es allen gut geht, dass alle wieder glücklich werden, und anfänglich sind diese Kinder bemüht, hierzu tatkräftig beizutragen.
- Werden Kinder in ihren Hoffnungen und Wünschen in Bezug auf die getrennten Elternteile immer wieder enttäuscht, kann es sein, dass sie sich, um sich zu schützen, von einem Elternteil abwenden, um somit weiteren Enttäuschungen und Kränkungen vorzubeugen.
- Die Kooperationsbereitschaft und Kooperationsfähigkeit beider Elternteile nach der Trennung ist entscheidend für eine weitere positive Entwicklung der Kinder.
- Wenn es den Eltern gelingt, die Eltern-Kind-Beziehungsebene von der Paar-Ebene zu trennen, wird der Weg für eine mögliche positive Gesamtentwicklung der »Nachscheidungsfamilie« geebnet.

Anhang

Auszüge aus dem Bürgerlichen Gesetzbuch zum Sorge- und Umgangsrecht, zur Gefährdung des Kindeswohls, zum Namensänderungsbegehren und zur Adoption

Gesetzliche Bestimmungen zum Sorgerecht seit dem 1.7.1998:

§ 1626 (elterliche Sorge; Berücksichtigung der wachsenden Selbstständigkeit des Kindes):
»(1) Die Eltern haben die Pflicht und das Recht, für das minderjährige Kind zu sorgen (elterliche Sorge). Die elterliche Sorge umfasst die Sorge für die Person des Kindes (Personensorge) und das Vermögen des Kindes (Vermögenssorge).
(2) Bei der Pflege und Erziehung berücksichtigen die Eltern die wachsende Fähigkeit und das wachsende Bedürfnis des Kindes zu selbständigem Verantwortungsbewusstsein und Handeln. Sie besprechen mit dem Kind, soweit es nach dessen Entwicklungsstand angezeigt ist, Fragen der elterlichen Sorge und streben Einvernehmen an.
(3) Zum Wohl des Kindes gehört in der Regel der Umgang mit beiden Elternteilen. Gleiches gilt für den Umgang mit anderen Personen, zu denen das Kind Bindungen besitzt, wenn ihre Aufrechterhaltung für seine Entwicklung förderlich ist.«

§ 1627 (Ausübung der elterlichen Sorge):
»Die Eltern haben die elterliche Sorge in eigener Verantwortung und in gegenseitigem Einvernehmen zum Wohl des Kindes auszuüben. Bei Meinungsverschiedenheiten müssen sie versuchen, sich zu einigen.«

§ 1631 (Inhalt des Personensorgerechtes; Einschränkung von Erziehungsmaßnahmen):
»(1) Die Personensorge umfasst insbesondere die Pflicht und das Recht, das Kind zu pflegen, zu erziehen, zu beaufsichtigen und seinen Aufenthalt zu bestimmen.
(2) Entwürdigende Erziehungsmaßnahmen, insbesondere körperliche und seelische Misshandlungen, sind unzulässig.

(3) Das Familiengericht hat die Eltern auf Antrag bei der Ausübung der Personensorge in geeigneten Fällen zu unterstützen.«

§ 1671 (Getrenntleben bei gemeinsamer elterlichen Sorge):

»(1) Leben Eltern, denen die elterliche Sorge gemeinsam zusteht, nicht nur vorübergehend getrennt, so kann jeder Elternteil beantragen, dass ihm das Familiengericht die elterliche Sorge oder einen Teil der elterlichen Sorge alleine überträgt.

(2) Dem Antrag ist stattzugeben, soweit

- der andere Elternteil zustimmt, es sei denn, dass das Kind das 14. Lebensjahr vollendet hat und der Übertragung widerspricht, oder
- zu erwarten ist, dass die Aufhebung der gemeinsamen Sorge und die Übertragung auf den Antragsteller dem Wohl des Kindes am besten entspricht.

(3) Dem Antrag ist nicht stattzugeben, wenn die elterliche Sorge aufgrund anderer Vorschriften abweichend geregelt werden muss.«

§ 1686 (Auskunftsanspruch):

»Jeder Elternteil kann vom anderen Elternteil bei berechtigtem Interesse Auskunft über die gewöhnlichen Verhältnisse des Kindes verlangen, soweit dies dem Wohl des Kindes nicht widerspricht. Über Streitigkeiten entscheidet das Familiengericht.«

§ 1687 (Entscheidungsrecht bei gemeinsamer elterlichen Sorge getrennt lebender Eltern):

»(1) Leben Eltern, denen die elterliche Sorge gemeinsam zusteht, nicht nur vorübergehend getrennt, so ist bei Entscheidungen in Angelegenheiten, deren Regelung für das Kind von erheblicher Bedeutung ist, ihr gegenseitiges Einvernehmen erforderlich. Der Elternteil, bei dem sich das Kind mit Einwilligung des anderen Elternteils oder aufgrund einer gerichtlichen Entscheidung gewöhnlich aufhält, hat die Befugnis zur alleinigen Entscheidung in Angelegenheiten des täglichen Lebens. Entscheidungen in Angelegenheiten des täglichen Lebens sind in der Regel solche, die häufig vorkommen und die keine schwer abzuändernden Auswirkungen auf die Entwicklung des Kindes haben. Solange sich das Kind mit Einwilligung des Elternteils oder aufgrund einer gerichtlichen Entscheidung bei dem anderen Elternteil aufhält, hat dieser die Befugnis zur alleinigen Entscheidung in Angelegenheiten der tatsächlichen Betreuung. § 1629 Absatz 1 Satz 4 und § 1684 Absatz 2 Satz 1 gelten entsprechend.

(2) Das Familiengericht kann die Befugnisse nach Absatz 1 Satz 2 und 4 einschränken oder ausschließen, wenn dies zum Wohl des Kindes erforderlich ist.«

Gesetzliche Bestimmungen zum Umgangsrecht seit dem 1.7.1998:

§ 1684 BGB (Umgangsrecht von Kind und Eltern):
»(1) Das Kind hat das Recht auf Umgang mit jedem Elternteil; jeder Elternteil ist zum Umgang mit dem Kind verpflichtet und berechtigt.
(2) Die Eltern haben alles zu unterlassen, was das Verhältnis des Kindes zum jeweils anderen Elternteil beeinträchtigt oder die Erziehung erschwert. Entsprechendes gilt, wenn sich das Kind in der Obhut einer anderen Person befindet.
(3) Das Familiengericht kann über den Umfang des Umgangsrechtes entscheiden und seine Ausübung, auch gegenüber Dritten, näher regeln. Es kann die Beteiligten durch Anordnungen zur Erfüllung der in Absatz 2 geregelten Pflicht anhalten.
(4) Das Familiengericht kann das Umgangsrecht und den Vollzug früherer Entscheidungen über das Umgangsrecht einschränken oder ausschließen, soweit dies zum Wohl des Kindes erforderlich ist. Eine Entscheidung, die das Umgangsrecht oder seinen Vollzug für längere Zeit oder auf Dauer einschränkt oder ausschließt, kann nur ergehen, wenn andernfalls das Wohl des Kindes gefährdet wäre. Das Familiengericht kann insbesondere anordnen, dass der Umgang nur stattfinden darf, wenn ein mitwirkungsbereiter Dritter anwesend ist. Dritter kann auch ein Träger der Jugendhilfe oder ein Verein sein; dieser bestimmt dann jeweils, welche Einzelperson die Aufgabe wahrnimmt.«

§ 1685 (Umgangsrecht anderer Personen):
»(1) Großeltern und Geschwister haben ein Recht auf Umgang mit dem Kind, wenn dieser dem Wohl des Kindes dient.
(2) Gleiches gilt für den Ehegatten oder früheren Ehegatten eines Elternteils, der mit dem Kind längere Zeit in häuslicher Gemeinschaft gelebt hat, und für Personen, bei denen das Kind längere Zeit in Familienpflege war.
(3) § 1684 Absatz 2–4 gilt entsprechend.«

§ 1632 (Anspruch auf Herausgabe des Kindes; Bestimmung des Umgangs; Wegnahme von der Pflegeperson):
»(1) Die Personensorge umfasst das Recht, die Herausgabe des Kindes von jedem zu verlangen, der es den Eltern oder einem Elternteil widerrechtlich vorenthält.
(2) Die Personensorge umfasst ferner das Recht, den Umgang des Kindes auch mit Wirkung für und gegen Dritte zu bestimmen.

(3) Über Streitigkeiten, die eine Angelegenheit nach Absatz 1 oder 2 betreffen, entscheidet das Familiengericht auf Antrag eines Elternteils.
(4) Lebt das Kind seit längerer Zeit in Familienpflege und wollen die Eltern das Kind von der Pflegeperson wegnehmen, so kann das Familiengericht von Amts wegen oder auf Antrag der Pflegeperson anordnen, dass das Kind bei der Pflegeperson verbleibt, wenn und solange das Kindeswohl durch die Wegnahme gefährdet würde.«

Zivilrechtliche Kinderschutzverfahren gemäß §§ 1666 und 1666 a BGB:

§ 1666 BGB (Gefährdung des Kindeswohls):
»(1) Wird das körperliche, geistige oder seelische Wohl des Kindes oder sein Vermögen durch missbräuchliche Ausübung der elterlichen Sorge, durch Vernachlässigung des Kindes, durch unverschuldetes Versagen der Eltern oder durch das Verhalten eines Dritten gefährdet, so hat das Familiengericht, wenn die Eltern nicht gewillt oder nicht in der Lage sind, die Gefahr abzuwenden, die zur Abwendung der Gefahr erforderlichen Maßnahmen zu treffen.
(2) In der Regel ist anzunehmen, dass das Vermögen des Kindes gefährdet ist, wenn der Inhaber der Vermögenssorge seine Unterhaltspflicht gegenüber dem Kind oder seine mit der Vermögenssorge verbundenen Pflichten verletzt oder Anordnungen des Gerichts, die sich auf die Vermögenssorge beziehen, nicht befolgt.
(3) Das Gericht kann Erklärungen des Inhabers der elterlichen Sorge ersetzen.
(4) In Angelegenheiten der Personensorge kann das Gericht auch Maßnahmen mit Wirkung gegen einen Dritten treffen.«

§ 1666 a (Trennung des Kindes von der elterlichen Familie; Entziehung der Personensorge insgesamt):
»(1) Maßnahmen, mit denen eine Trennung des Kindes von der elterlichen Familie verbunden ist, sind nur zulässig, wenn der Gefahr nicht auf andere Weise, auch nicht durch öffentliche Hilfen, begegnet werden kann.
(2) Die gesamte Personensorge darf nur entzogen werden, wenn andere Maßnahmen erfolglos geblieben sind oder wenn anzunehmen ist, dass sie zur Abwendung der Gefahr nicht ausreichen.«

Gesetzliche Bestimmungen für Namensänderungsbegehren:

§ 1617 c BGB (nachträgliche Bestimmung oder Änderung des Ehenamens):
»(1) Bestimmen die Eltern einen Ehenamen, nachdem das Kind das 5. Lebensjahr vollendet hat, so erstreckt sich der Ehename auf den Geburtsnamen des Kindes nur dann, wenn es sich der Namensgebung anschließt. Ein in der Geschäftsfähigkeit beschränktes Kind, welches das 14. Lebensjahr vollendet hat, kann die Erklärung nur selbst abgeben; es bedarf hierzu der Zustimmung seines gesetzlichen Vertreters. Die Erklärung ist gegenüber dem Standesbeamten abzugeben, sie muss öffentlich beglaubigt werden ...«
»(2) Absatz 1 gilt entsprechend,

1. wenn sich der Ehename, der Geburtsname eines Kindes geworden ist, ändert oder
2. wenn sich in den Fällen der §§ 1617, 1617 a und 1617 b der Familienname eines Elternteils, der Geburtsname eines Kindes geworden ist, auf andere Weise als zur Eheschließung ändert.

(3) Eine Änderung des Geburtnamens erstreckt sich auf den Ehenamen des Kindes nur dann, wenn sich auch der Ehegatte der Namensänderung anschließt; Absatz 1 Satz 3 gilt entsprechend.«

§ 1618 vom 9.4.2002 (Einbenennung):
»Der Elternteil, dem die elterliche Sorge für ein unverheiratetes Kind allein oder gemeinsam mit dem anderen Elternteil zusteht, und sein Ehegatte, der nicht Elternteil des Kindes ist, kann dem Kind, das sie in ihren gemeinsamen Haushalt aufgenommen haben, durch Erklärung gegenüber dem Standesbeamten ihren Ehenamen erteilen. Sie können diesen Namen auch dem von dem Kind zur Zeit der Erklärung geführten Namen voranstellen oder anfügen; ein bereits zuvor nach Absatz 1 vorangestellter oder angefügter Ehename entfällt. Die Erteilung, Voranstellung oder Anfügung des Namens bedarf der Einwilligung des anderen Elternteils, wenn ihm die elterliche Sorge gemeinsam mit dem den Namen erteilenden Elternteil zusteht oder das Kind seinen Namen führt, und, wenn das Kind das 5. Lebensjahr vollendet hat, auch der Einwilligung des Kindes. Das Familiengericht kann die Einwilligung des anderen Elternteils ersetzen, wenn die Erteilung, Voranstellung oder Anfügung des Namens zum Wohl des Kindes erforderlich ist. Die Erklärungen müssen öffentlich beglaubigt werden. § 1617 c gilt entsprechend.«

Gesetzliche Bestimmungen zur Adoption eines Kindes:

§ 1741 BGB (Annahme als Kind, Zulässigkeit der Annahme):

»(1) Die Annahme als Kind ist zulässig, wenn sie dem Wohl des Kindes dient und zu erwarten ist, dass zwischen dem Annehmenden und dem Kind ein Eltern-Kind-Verhältnis entsteht. Wer an einer gesetzes- oder sittenwidrigen Vermittlung oder Verbringung eines Kindes zum Zwecke der Annahme mitgewirkt oder einen Dritten hiermit beauftragt oder hierfür belohnt hat, soll ein Kind nur annehmen, wenn dies zum Wohl des Kindes erforderlich ist.

(2) Wer nicht verheiratet ist, kann ein Kind nur allein annehmen. Ein Ehepaar kann ein Kind gemeinschaftlich annehmen. Ein Ehegatte kann ein Kind seines Ehegatten alleine annehmen. Er kann ein Kind auch dann alleine annehmen, wenn der andere Ehegatte das Kind nicht annehmen kann, weil er geschäftsunfähig ist oder das 21. Lebensjahr noch nicht vollendet hat.«

Gesetzliche Bestimmungen aus dem Gesetz über die Angelegenheiten der freiwilligen Gerichtsbarkeit (FGG):

§ 50b FGG (Persönliche Anhörung des Kindes oder Mündels in Sorgerechtsverfahren):

»(1) Das Gericht hört in einem Verfahren, das die Personen- oder Vermögenssorge betrifft, das Kind persönlich an, wenn die Neigungen, Bindungen oder der Wille des Kindes für die Entscheidung von Bedeutung sind oder wenn es zur Feststellung des Sachverhaltes angezeigt erscheint, dass sich das Gericht von dem Kind einen unmittelbaren Eindruck verschafft.

(2) Hat ein Kind das 14. Lebensjahr vollendet und ist es nicht geschäftsunfähig, so hört das Gericht in einem Verfahren, das die Personensorge betrifft, das Kind stets persönlich an. In vermögensrechtlichen Angelegenheiten soll das Kind persönlich angehört werden, wenn dies nach der Art der Angelegenheit angezeigt erscheint. Bei der Anhörung soll das Kind, soweit nicht Nachteile für seine Entwicklung oder Erziehung zu befürchten sind, über den Gegenstand und möglichen Ausgang des Verfahrens in geeigneter Weise unterrichtet werden; ihm ist Gelegenheit zur Äußerung zu geben.

(3) In den Fällen des Abs. 1 und des Abs. 2 Satz 1 darf das Gericht von der Anhörung nur aus schwerwiegenden Gründen absehen. Unterbleibt die Anhörung allein wegen Gefahr im Verzuge, so ist sie unverzüglich nachzuholen.

(4) Die Abs. 1–3 gelten für Mündel entsprechend.«

Literatur

Adams, B. N.: The family. The soziological interpretation. (4. Aufl.), Harcourt Brace, Toronto (1986).

Balloff, R.: Kinder vor Gericht. Opfer, Täter, Zeugen. C. H. Beck, München (1992).

Balloff, R.; Stötzel, M.: Verfahrenspflegschaft nach § 50 FGG aus der Perspektive des Kindes – eine wissenschaftliche Erhebung. Kind-Prax. 2: 47–53 (2002).

Bank, S. T.; Kahn, M. T.: Sisterhood-Brotherhood is powerfull. Sibling subsystems and family therapy. Family process 14 (3): 311–337 (1975).

Deberding, E.; Klosinski, G.: Analyse von Familienrechtsgutachten mit gleichzeitigem Vorwurf des sexuellen Missbrauchs – Retrospektivanalyse von 48 Sorge- bzw. Umgangsrechtsregelungsgutachten. Kindheit und Entwicklung 4: 212–217 (1995).

Fegert, J. M.: Parental-Alienation- and Parental-Accusation-Syndrome? (Teil 2). Die Frage der Suggestibilität, Beeinflussung und Induktion in Umgangsrechtsgutachten. Kind-Prax. 2: 39–42 (2001).

Felder, W.; Hausheer, H.: Drittüberwachtes Besuchsrecht: Die Sicht der Kinderpsychiatrie zum BGE 119, Nr. 41. Zeitschrift des Bernischen Juristen-Vereins 129: 698–706 (1993).

Gardner, R. A.: Recent trends in divorce and custody litigation. Academy Forum (a publication of the american academy of psychoanalysis) 29, 2: 3–7 (1985).

Gardner, R. A.: The Parental-Alienation-Syndrome and the differentiation between fabricated and genuine child sexual-abuse. Cresskill Creative Therapeutics, New York (1987).

Günter, M.; Du Bois, R.; Eichner, E.; Röcker, D.; Boos, R.; Klosinski, G.; Deberding, E.: Der Vorwurf des sexuellen Missbrauchs im Sorgerechtsstreit. In: Lehmkuhl, G.; Lehmkuhl, U. (Hrsg.): Scheidung – Trennung – Kindeswohl. Diagnostische, therapeutische und juristische Aspekte. Beltz, Weinheim, S. 166–172, (1997).

Hirsch, M.: Schuld und Schuldgefühl im Zusammenhang von Trennung und Scheidung. Prax. Kinderpsychol. Kinderpsychiat. 50: 45–58 (2001).

Karle, M.; Klosinski, G.: Empfehlungen zum Ausschluss des Umgangsrechts – Gründe und Begründungen aus 30 Gutachten. Prax. Kinderpsychol. Kinderpsychiat. 45: 331–338 (1996).

Karle, M.; Klosinski, G.: Sachverständigen-Empfehlungen zur Einschränkung und zum Ausschluss des Umgangsrechtes. Prax. Kinderpsychol. Kinderpsychiat. 48: 163–177 (1999).

Karle, M.; Klosinski, G.: Die Bedeutung von Geschwisterbeziehungen bei einer Trennung der Eltern. Prax. Kinderpsychol. Kinderpsychiat. 6: 401–420 (2001).

Kasten, H.: Geschwisterbeziehungen. Bd. 1. Hogrefe, Göttingen (1993).

Klosinski, G.; Boos, R.; Eichner, E.; Röcker, D.: Child-welfare recommendations in contested divorce and separation cases. – Critical family situations and

problematical behavior patterns on the part of parent and children. Acta Paedopsychiatrica 56: 267–271 (1994).
Klosinski, G.: Begutachtung in Verfahren zum Umgangs- und Sorgerecht: Brennpunkt für den Gutachter und die Familie. In: Warnke, A.; Trott, G.-E.; Remschmidt, H. (Hrsg.): Forensische Kinder- und Jugendpsychiatrie. Ein Handbuch für Klinik und Praxis. Huber, Bern, S. 34–43, (1997a).
Klosinski, G.: Begutachtung im Rahmen von Namensänderungsbegehren auf dem Hintergrund geänderter Rechtsprechung (Familiennamensrechtsgesetz vom 16.12.1993 und Bundesverwaltungsgerichtsurteil vom 7.1. 1994). In: Warnke, A.; Trott, G.-E.; Remschmidt, H. (Hrsg.): Forensische Kinder- und Jugendpsychiatrie. Ein Handbuch für Klinik und Praxis. Huber, Bern, S. 91–95 (1997b).
Klosinski, G.: Kinderpsychiatrische Begutachtung im Rahmen des Hager Kindesentführungs-Übereinkommens (HKÜ). Familie und Recht, 11. Jahrgang, 408–416 (2000).
Klosinski, G.; Günter, M.; Karle, M.: Scheiden tut weh – Zur Situation von Kindern in auseinander brechenden Familien. Attempto, Tübingen (2001).
Lempp, R.: Die Ehescheidung und das Kind. Kösel, München (1976).
Lempp, R.: Gerichtliche Kinder- und Jugendpsychiatrie. Huber, Bern (1983).
Oelkers, H.: Die Entwicklung des Umgangsrechtes bis Ende 2001. FuR 11: 492–497 (2002).
Reimer, C.: Abhängigkeit in der Psychotherapie. Prax. Psychother. Psychosom. 35: 294–305 (1990).
Röcker, D.: Sexueller Missbrauch in der Scheidungsfamilie: In: Du Bois, R. (Hrsg.): Praxis und Umfeld der Kinder- und Jugendpsychiatrie. Der Dialog mit Pädiatrie, Justiz, Sozial- und Verhaltenswissenschaften. Huber, Bern, S. 145–155, (1989).
Roemer, H.; Wetzels, P.: Zur Diagnostik sexuellen Missbrauchs bei Kindern in der forensischen-psychologischen Praxis. Praxis der Forensischen Psychologie 1: 22–31 (1991).
Salzgeber, J.: Familienpsychologische Gutachten – rechtliche Vorgaben und sachverständiges Vorgehen. (3. Aufl.), C. H. Beck, München (2001).
Schmidt-Denter, U.; Beelmann, W.: Familiäre Beziehungen nach Trennung und Scheidung: Veränderungsprozesse bei Müttern, Vätern und Kindern. Forschungsbericht der Universität zu Köln, Psychologisches Institut, Köln (1995).
Vigdor, H.: Scheidungskinder – Wege der Hilfe. (3. Aufl.), Psychosozialverlag, Gießen (2000).
Weber, A.: Trennung der Eltern: Wie wird sie den Kindern vermittelt und welchen Einfluss haben Art und Inhalt der Mitteilung auf das Trennungserleben der Kinder? Dissertation, Medizinische Fakultät Tübingen, Tübingen (2002).
Welter-Enderlin, R.: Tragödie oder Chance zum Neuanfang? In: Krabbe, H. (Hrsg.): Scheidung ohne Richter – neue Lösungen für Trennungskonflikte. Rowohlt Verlag, Reinbek, S. 35 (1993).
Wilutzky, S.: Angaben im Saarländischen Rundfunk am 6.8.1993.

Reinhard Michl / Erhard Dietl
Hast du mich noch lieb?
Wenn Eltern sich trennen

32 Seiten
Gebunden
3-7941-5004-X

2,3 Millionen deutscher Kinder sind Scheidungskinder. Jede dritte Ehe wird geschieden – am häufigsten im dritten und vierten Jahr ihres Bestehens. Scheidungskinder werden immer jünger. Ein Grund mehr, sich diesem Thema im Bilderbuch zu widmen. Erhard Dietl kennt die Erlebniswelt der Dreijährigen und erzählt einfühlsam von Ängsten, verletzten Gefühlen und kleinen Hoffnungen. Reinhard Michl hat die Geschichte des kleinen Bären, dessen heile Welt ins Wanken gerät, mit feinem Pinsel in Bilder umgesetzt.